FORELDREMAGI

家庭养育七步法

成为优质父母并不难

Hedvig Montgomery
[挪威] 海德维格·蒙哥马利 —— 著　　王培 —— 译

图书在版编目（CIP）数据

家庭养育七步法：成为优质父母并不难 /（挪）海德维格·蒙哥马利著；王培译. -- 北京：北京联合出版公司，2022.9

ISBN 978-7-5596-4240-0

Ⅰ. ①家… Ⅱ. ①海… ②王… Ⅲ. ①幼儿教育—家庭教育 Ⅳ. ①G781

中国版本图书馆CIP数据核字（2020）第081005号

家庭养育七步法：成为优质父母并不难

[挪威] 海德维格·蒙哥马利（Hedvig Montgomery） 著
王培 译

出 品 人：赵红仕
出版监制：刘 凯 赵鑫玮
选题策划：联合低音
特约编辑：叶元美
责任编辑：王 巍
装帧设计：聯合書莊

关注联合低音

北京联合出版公司出版
（北京市西城区德外大街83号楼9层 100088）
北京联合天畅文化传播公司发行
北京华联印刷有限公司印刷 新华书店经销
字数113千字 880毫米×1230毫米 1/32 5.75印张
2022年9月第1版 2022年9月第1次印刷
ISBN 978-7-5596-4240-0
定价：49.80元

目录

前　言

育儿“魔法”

有时当父母很容易：孩子能上床酣睡，能用刀叉吃饭，能穿好衣服、面带微笑去上学，一切表现良好。然而，有时则与这般“田园景象”大相径庭，孩子不睡觉，不吃饭，跟人吵架，或不停哭闹——这也是育儿的一部分。当你早上心情不好，孩子又不想去上学时，你会怎么做？或者，当夜深人静时，你困得眼皮打架，而那蹒跚学走的孩子还在不停嬉闹，你会怎么做？在这种情况下，大多数父母通常有两种选择：要么生气，对孩子大吼大叫，但感觉不太管用；要么放弃，睁一只眼闭一只眼，感到无能为力。

不过，还有第三种选择。这是一种能让你更深入地了解孩子，看清孩子本真的养育方法，同时还能让你看清自己——你的成长过程和人生经历造就了你。我写作本书的目的是想给你指明一条道路，让你知道如何保持冷静，如何应对育儿过程中肯定会遇到的困难。这就是我总结的育儿“魔法”。

这是“家庭养育七步法”丛书的第一本。这本书既是写给准备养育小孩的人看的，也是写给已有好几年育儿经验的人看的，他们都渴望掌握养育之道。为人父母是一项长期工程，大概有20年时间需要好好表现。本丛书的后面几本将分别介绍不同年龄段孩子的成长过程，而本书将告诉你如何给孩子安全感和幸福感，为你与孩子建立良好的关系奠定基础。我将用七个简单步骤帮助你成为你希望成为的那种父母。

作为一名从事家庭治疗工作20年的心理学家，我坚信所有人都想成为优质父母，给孩子最好的一切。然而，所有父母都会犯错，并不总是很清楚哪种育儿方法适合自己。

很多人会碰到同样的问题，有着同样的担忧。育儿过程中会面临各种各样的挑战，父母几乎不可能为每一种可能出现的情况都做好准备。新手父母通常面临的第一个问题是：成为自己想成为的那种父母究竟有多难？这本书试图回答这个问题。生活中没有哪个领域的成就能超过养育孩子。而且，我很清楚父母只需花很少的时间学习，就能更好地应对困难。

本书无意让你成为完美的父母——这种父母根本不存在。而且，我们只能在童话故事里看到如梦似幻的完美童年。因此，追求完美是毫无意义的。

为了培养自信、独立、快乐的孩子，让他能与周围的人相处融洽，你一定要从建立亲子联结开始，打造出一个共同的“我们”。我会告诉你如何做到这一点，并教你如何在顺境和逆境中保持这种联结。这种联结将帮助你挺过孩子的不眠之夜和流感发作期，见证孩子学会走路、开始上学、初恋、失恋等时刻，一起经历生活中的起起伏伏。

毕竟，这就是生活！你的家庭肯定会有动荡的时候，就像树叶被风吹得飘来荡去一样。无论如何，身为父母，最重要的使命就是尽力确保动荡过后，你与孩子的联结还在。你必须呵护好这种联结，直到它像一棵古老的橡树那样坚不可摧。

我将尽可能地告诉你如何把握好育儿过程中最重要的环节，即营造良好的家庭氛围，让孩子拥有归属感。

那么，如何让孩子产生归属感呢？是什么让孩子拥有安全感和自尊心呢？如何理解和处理孩子各种突如其来的情绪呢？我将指导你从容度过那些冲突和争吵的日子。你要面对的一项挑战是，重新审视自己的过去和成长经历，看看你的反应模式对亲子关系有何影响。我还会告诉你如何不再生气和气馁，当情况像火烧眉毛一样紧急时，你也知道如何应对。

优质父母不是天生的，大多数人都能成为优质父母，而且可以日臻完善。想成为优质父母，需要具备智慧、知识、极大的勇气和自知之明。

有时，成为优质父母所花费的心血会超乎你的想象，然而好处在于：一旦成为更优质的父母，你也会成为更优秀的人。换句话说，这种付出是值得的。

这一切都始于你与孩子建立并维系良好的关系。这种关系将持续终生，所以你应该好好经营它。

这是父母一生最重要的任务。

养育无时无刻不在发生

我的办公室位于奥斯陆王宫后面一栋宏伟而古老的白色建筑里。我是从一位老太太那里租来的。这栋楼里有很漂亮的木楼梯，哪怕最轻柔的步伐也会使它发出嘎吱声。办公室窗外每隔五分钟就有电车驶过。这是一间优雅的办公室，铺着地毯，有一个塞满教材的小书架，还有一张沙发。我从事这份工作已经 20 年了，却仍然喜欢它。年轻时作为一名新晋心理学家，我从未想过自己会从事与家庭养育有关的工作。在我的成长过程中，家的根基摇摇欲坠。现在回想起青少年时代，我和家人是疏离的。时光飞逝，我后来有了自己的孩子，那是我先后与两个男人生的。第二个男人成了我的终身伴侣。他是一个谦逊的人，有恐高症，喜欢在旧木船上工作。

这些年来，很多家庭踏上奥斯陆市中心那嘎吱作响的楼梯。渐渐地，他们成了我生活的一部分。我已经接待过很多家庭，讲过很多课，做过很多场演讲。与此同时，我也在尽心尽力地经营自己的家庭。

父母对“养育”最大的误解之一是：当孩子表现不佳时，父母才要做点什么，即养育的核心就是当孩子做错事时才去应对。然而，养育是在家里、学校和幼儿园随时发生的事情，它是孩子得到的所有反馈以及日常生活中学到的点滴知识的总和。

也正是在那些容易被遗忘的平淡无奇的日子里，育儿“魔法”体现在日常生活的方方面面：你们周二晚上在餐桌旁的对话，你如何看待伴侣，你怎样分果汁，你在商店里如何与陌生人打招呼，你在家里营造的氛围，你的娱乐方式，你在后院放松时的样子，你给孩子换尿布、辅导作业或跟孩子聊天时的表现。这些你与孩子分享知识的时刻，对孩子的影响比你想象的大得多。养育无时无刻不在发生，它渗透于生活的点点滴滴中。

我们从不缺少育儿方法，也从不缺少这样一种说法——为人父母遇到的问题都有简单的答案。但我要毫不犹豫地告诉你，养育孩子没有捷径可走！不管怎么说，养育孩子就像跑马拉松，你正站在起跑线上。这是一段漫长而艰辛的历程，但我向你保证，它会成为你一生中最兴奋、最精彩的经历。

总有一天，你的孩子会搬出去住，希望能自力更生。你不知道那一天何时到来，在那之前，应该尽可能多地与孩子一起度过美好而快乐的时光。当你们在一起生活时，你要让孩子知道你珍爱他们，并让他们觉得这个世界是一个相当不错的栖身之所。

家庭结构并不重要

世上有各种各样的家庭，而我有幸几乎都见过。有的家庭由妈妈、爸爸和孩子组成。有的是离异后重组的家庭，有了新的伴侣和成员。有的家庭有两个妈妈或两个爸爸。有的是单亲家庭。有的家庭由祖父母充当孩子的监护人。有的孩子是领养的，有的是计划内的，有的则是意外怀上的。你是两口之家还是十八口之家并不要紧，最重要的是，你们在同一条船上，要互相依靠，互相帮助，互相支持。

如果你一开始就去寻找家里缺少点什么，通常就会忽视家里拥有的东西。无论家庭规模大小，只要父母能善待孩子，就不会对孩子产生太大影响。无论家里只有女性还是男性，都不会给孩子的成长带来多大困扰。家里只要有一个优秀的家长就够了，有两个当然更好。如果你独自抚养孩子，肩上的担子会更重，但这并不意味着你不能教育好孩子。至关重要的是，无论家庭的核心结构如何，每个人都要学会利用家庭以外的资源。比如，寻求朋友和其他人的帮助，让他们成为你日常生活中的一部分。孩子与各种各样的人打过交道，才有办法应对生活中面临的各种挑战。

我坚信家庭结构是什么样的并不重要，重要的是你如何经营好这个家，如何照顾好孩子。

过度保护孩子是在帮倒忙

当助产士把我的第一个孩子放在我的胳膊上，那个还在颤颤发抖的小宝贝望着我时，那种感觉既陌生又熟悉。我至今仍记得第一次在医院抱着儿子那几个小时的奇怪感觉，仿佛过去

人们天生缺乏安全感

所有孩子都是赤裸裸地、无助地、极度不安地来到这个世上的。自从第一次将氧气吸入肺里，感受到这个新环境的寒冷和光线后，人们的神经系统就一直处于防御状态，恐惧成了人们永恒的伴侣。恐惧是人类默认的“出厂设置”。婴儿爱哭，因为这是他们与人们交流的唯一方式，只能靠这个来引起关注。

人生就是这样：恐惧与生俱来，形成安全感需要时间。

所以，父母的任务就是把安全感带给孩子。父母要给孩子树立信心，与孩子建立良好的关系，照顾好孩子，把孩子抱在膝盖上玩，教孩子如何处理情绪，容忍孩子的缺点，爱孩子的本真，并一直支持孩子。

这是一项耗时的工作。不过，当人们发现这个世界很安全时，就会觉得这个世界很美好。

的一切都是为了眼前这一刻。我躺在床上凝视着他，小声地跟他说："我会永远保护你免受一切伤害。"现在回想起来，这句话听起来有点陈词滥调，但在当时的情景下，没有什么比它更合适的了。

随着时间的推移，我渐渐明白当初那句话是不对的。"保护孩子免受一切伤害"不仅不可能，也不应成为目标。时光荏苒，孩子会不断遇到挫折——学业失败、与足球队的队友争吵、失恋等，这些也是生活的一部分。

从孩子来到世上和我们一起生活的那一刻起，确保孩子安全就成了每个父母最关心也最投入的事情，就连非常明事理的父母也在乐高玩具中预见危险，在某个以异样的眼光看孩子的成年人身上嗅到危险，在高大的树木和肮脏的细菌里看到危险。这个世界似乎突然充满险恶和障碍。

当然，这是很自然的现象。确保孩子安全必须成为非常要紧的事情，唯一的问题是，如今这个年代有太多方法来保护孩子，以至于有些人在这件事情上做过了头。

为什么我们不应该过度保护孩子？有以下两个原因：

一是孩子需要接受挑战。孩子的成长完全取决于他们能展翅飞翔、扩大交际圈、实现目标并获得成就感，从而发现自己是足够优秀的。即使父母担心孩子无法应对各种挑战，他们还是能够处理好的。请记住，每当你为孩子做他们力所能及的事时，都是在帮倒忙。

二是过度保护孩子会让你时刻围着孩子转。对孩子来说，身处一个事事围着他转的家庭会感到厌烦。家庭生活讲究平衡，需要顾及每位成员，你不能只把注意力放在孩子身上。

孩子不是别人，只是他自己

在继续探讨之前，我还想提醒你一点：不应该让孩子成为你想让他成为的那种人。父母们的想法各不相同，有些父母很看重孩子懂礼貌、被人喜欢；有些父母坚持认为孩子应该尝遍全世界的美食，或者成为顶级运动员、音乐家；有些父母希望还在蹒跚学步的孩子今后面对世界时能无所畏惧，擅长交际，非常独立；有些父母则希望孩子拥有谦逊的品格。这些想法都很好，我们需要各种类型的孩子和成年人。但我们也要记住，孩子只能成为他自己，而不能成为别人。

即使你是那种希望孩子不挑食的父母，也有可能养出一个特别挑食的孩子。残酷的事实是，孩子成为什么样的人并不取决于你。尽管你可能喜欢那种魅力四射、富有冒险精神的孩子，却有可能养出一个害羞、内向的孩子。艺术爱好者有可能生出讨厌博物馆的孩子。足球迷生出的孩子有可能对精妙的传球技巧毫不在意。并非每件事情的进展都在你的规划中。你的孩子不像你，你只能平静地接受这个事实。孩子到底喜欢什么？什么能让孩子开怀大笑？你可以通过与孩子谈论他感兴趣的事物，表明你懂他。你要看到孩子的本真，而不是你想让他成为的样子。

无论你有什么样的孩子，我可以向你保证，其人生的第一个 20 年尽是令人惊讶的时刻。尽管我绝不会花一秒钟去关注竞技运动，但我有个儿子在学会走路之前就会说“冰球”。这是诸多提醒中的一个，意味着他是一个独立的人，有自己的兴趣爱好。至今，我儿子仍然喜欢冰球。

孩子不是别人，只是他自己。事实就是如此。

不管你家里有多少人，你们都是一家人。

处理得当

为人父母，你肯定会时不时觉得自己身上有很多缺点。如果你还没意识到这一点，可能也很快就会明白了。未来会出现大大小小让你难堪的情形，你将不得不设法应对。当孩子突然在商店里大声尖叫，你不知道如何阻止时，很容易感到无助。同样，当你的宝贝把食物涂抹在你朋友最好的桌布上时，你可能不得不接受朋友异样的眼光。在未来无数个日子里，你将碰到的无疑都是这类鸡毛蒜皮的小事。

但你要记住，正是在这些情况下，当你觉得自己在外人面前丢脸了，你和孩子就容易发生冲突；当你觉得自己很无助时，就容易情绪失控，会对孩子恶语相向，并严厉对待孩子。每当大人觉得自己受到羞辱时，最丑陋的家庭行为就会出现。

这就是为什么我希望你身为父母要意识到：在现实生活中，你不是无助的，也不是微不足道的，尽管你可能会产生这种感觉。孩子尊重你，并总是在观察你的表情和反应，会从你的言行中学到东西，而他能学到什么也取决于你的言行。

当你遇到令人难堪的情形时，若能不滥用家长权威，不责骂孩子，不出口伤人，那就做得够好了。有些父母可以做到，有些父母则相当困难。每

个人都要从自己的实际情况出发。想处理得当，你就要能够应对那些让你觉得难堪的情形，并且在这个过程中不会破坏你和孩子的关系。

你要应对的挑战各不相同，最重要的是要处理得当。

I

家庭养育七步法

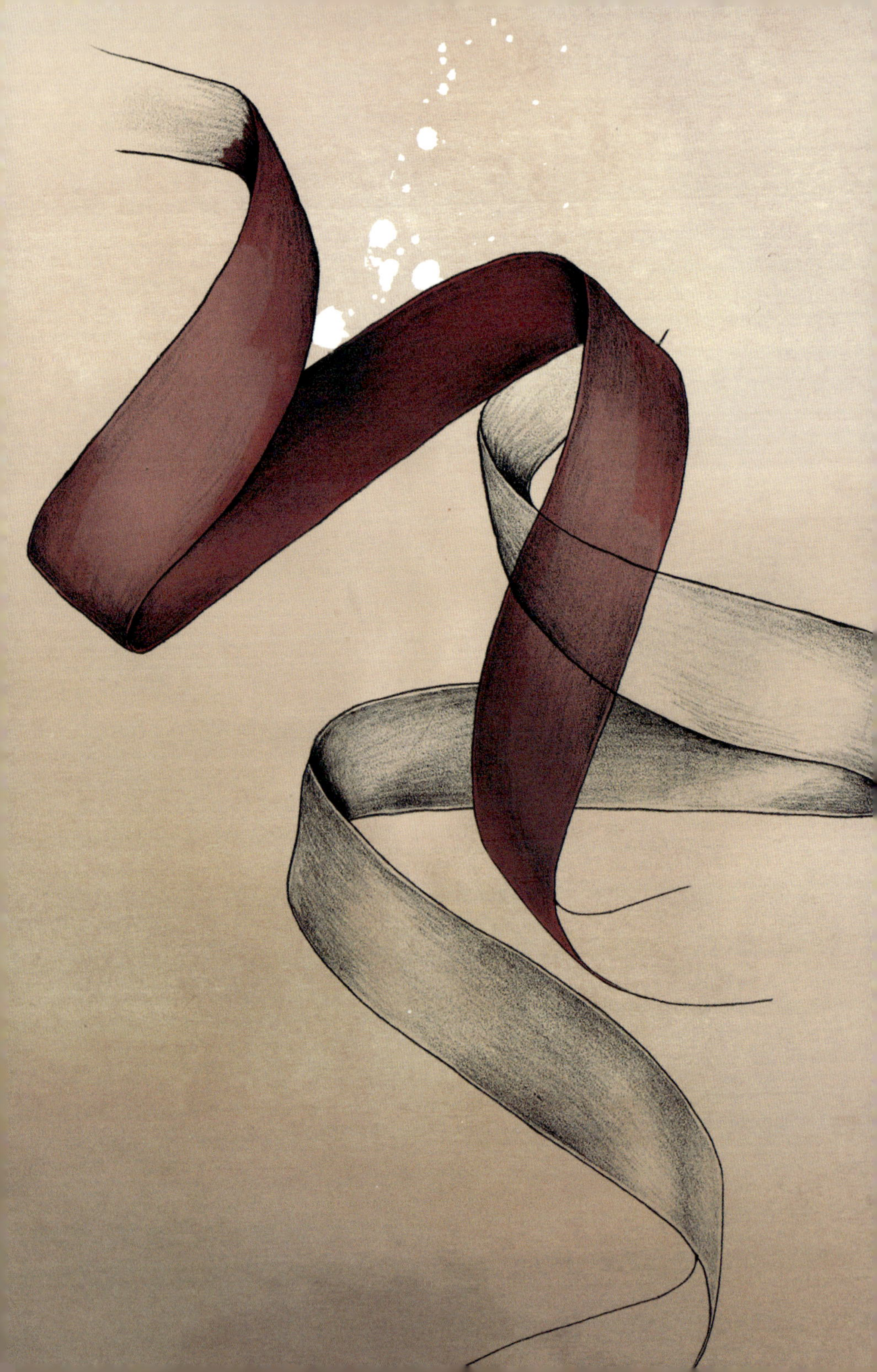

1 第一步 建立情感纽带

我遇到的父母有一个共同点，他们都希望孩子快乐，能过上圆满、幸福的生活。但就每个正在朝着这一目标努力的家庭而言，一路上总会磕磕绊绊。我在职业生涯中遇到无数儿童和青少年，他们觉得自己的生活不够好，但又很难说出个所以然来。有些青少年来找我时，觉得自己一文不值且孤立无援。但我相信他们的父母已经竭尽全力了，比如帮他们做家庭作业，开车送他们去晨练，给他们做华夫饼和准备午餐便当……

有时在这样的会谈结束后，我发现有些事情应该早点告诉他们，如果有人在童年早期给他们指明道路就好了。如果说有一个关键的因素能让人成年后生活幸福的话，那就是在童年体验到安全感。

人生开端至关重要。人们经常提到“1001 天关键期”，它为孩子将来成为什么样的人奠定了基础。不过，即使孩子比别人晚一点步入正轨，也不意味着一切就毫无希望了。在孩子的

为了能过上幸福的生活，人们需要拥有安全感。如果能成功地在亲子之间建立情感纽带，那就挽救了孩子的生活。

成长过程中，贯穿始终的是你与孩子的联结，以及由此建立的安全感。你需要在孩子整个童年营造这种安全感，它将为孩子成为何种人和成年后的性情奠定基础。

孩子的成长完全取决于其是否与最亲近之人关系良好，以及有无归属感。孩子与父母在一起生活时会很好地成长，反之则无法健康成长。你与孩子建立什么样的情感纽带，取决于你的家庭状况和家庭氛围，以及你在顺境和逆境中如何与孩子打交道。

良好的情感纽带会给孩子带来积极的自尊和满满的安全感，让他们学会喜欢自己，内心慢慢强大起来。

那么，父母与孩子应该如何建立情感纽带呢？这需要父母给孩子提供三样重要的东西——安全基地、归属感和理解。

建立安全基地

孩子需要大人来安抚他们，来约束他们，并容忍他们身上大大小小的毛病。年纪尚小时，孩子也需要自信心和安全感，父母要让他们体会到“我在这里是受欢迎的”“我这件事干得不错”。你的目标是让孩子明白，身为父母，你比其他人更可靠：有你在，孩子就有安全感，无论发生什么事，都能来寻求你的帮助，你就是那个懂他的人。如果孩子从探索这个世界伊始就拥有安全感，就会表现得更加勇敢。因为孩子知道总有一个地方让他们感到舒服、得到支持，就敢于去冒险，而这绝对有利于孩子成长。当亲子关系的基础非常牢靠时，孩子会更自信，无论身处顺境还是逆境，都认为事情会变好，并且有能力去应对各种挑战。

每当孩子跌倒了或快哭了，你应该让他毫无顾忌地来寻求安慰。当孩子不确定某事可不可行时，你的行为就是答案。如果你是安全可靠的，孩子一遇到危险就会跑来向你求助。孩子可以放心地出去玩耍，因为他知道：当他和别人玩游戏时出现波折，可以来找你；当他在花园探索自然的奥秘时，被一只发出怪声或令人作呕的昆虫吓到了，可以跑来向你求助。孩子需要一个避风港，而你必须使自己成为他安全可靠的庇护所。这

父母最重要的一项工作就是安抚孩子。父母应该总是主动去接近孩子。如果你始终安抚不好孩子，可能是你还没找到方法，应该更努力去找。没得到安抚的孩子会情绪低落。

也意味着，当孩子受到惊吓时，比如他贸然冲向交通繁忙路段，然后跑来向你寻求安慰，你不应过分指责他。你应该表明你就在他身边，然后告诉他汽车很危险，但你也不要恐吓他。你很容易在这个时候发脾气，尤其是你也吓坏了时，但这不利于孩子把你视为安全的港湾。

如果孩子把你视为一个可以随时回来的安全基地，这对他离开家后的生活很有帮助。相反，如果孩子怀疑你接纳他和保护他的能力，即使有需要，也不会找你帮忙。

营造归属感

人们需要成为群体的一部分，孩子也是如此，需要拥有归

在整个童年，孩子都需要你真正关心他。当他进来时，你要愉快地迎接他，分开时要欢送他。如果每天你都能让孩子感觉到他的存在令你很开心，你们之间就会有一张弥足珍贵的安全网。这一招，对蹒跚学步的可爱宝宝和爱发牢骚的 14 岁少年都适用。永远要让孩子感受到你的喜悦和尊重！

属感。这就是仪式和共同的兴趣如此重要的原因所在。无论是两口之家还是七口之家，你都要为家人或自己安排一些活动，比如约个时间吃晚餐，看电视节目，周五炸玉米饼，相互开玩笑，晚上一起玩游戏。

你要让孩子觉得他是家里的重要一员，每个房间都摆放一些他喜欢的物品或玩具。你应在工作日和节假日安排一些活动，让每位家庭成员都有事可做并从中得到乐趣。你应根据家人的特点和年龄来调整家庭生活。如果孩子在家里有归属感，就会建立社会安全感，并带着它走上社会。

理解万岁

你要让孩子觉得有人理解并接纳他的情绪，无论多么强烈、陌生的情绪袭来时，他都能得到帮助。这种支持很重要，不仅能让孩子与亲人建立亲密关系，今后孩子也愿意与遇到的其他人建立良好关系。孩子要学会用语言表达内心世界和外部世界发生的事情，这对幼儿和青少年都适用。

你 4 岁的女儿非常生气，因为她不得不一大早就穿上靴子去幼儿园。你要知道她并非有意针对你，也许她只是想做别的事，比如在家里多待一会儿，或者想穿一双更漂亮的鞋子。谁知道呢？所以，你最好问一句：“你生气真的因为这双靴子吗？”这时，你不要马上去解决问题，而要先了解她的真实想法。你可以

与孩子生活在一起，但不要为了他们而活

尽量打造一个能让孩子和大人融洽生活在一起的家庭，而不仅仅是大家住在一起或者各过各的生活。孩子希望有归属感，想与家人一起参加某些活动。当他们觉得自己是父母的累赘或负担时，会很伤心。因此，你应该与孩子一起种花草，而不是帮他们种；与孩子一起烘焙面包，而不是帮他们烘焙；与孩子一起做家务，而不是帮他们做。你应该时不时与他们共度一个温馨的周六之夜，而不仅仅是为了陪他们。你的目标应该是尽可能与他们生活在一起，让他们感受到家庭的温馨。你的生活不用围着孩子转，你是你，孩子是孩子，你们是一个团体。

即使不能总是做好这一切，即使做到这一切需要花很长时间来探索，你也应该尽可能多地与孩子一起参加活动。从很多方面来讲，这是父母养育孩子时最重要的一项任务。这样做可以让孩子与他们在这个世上最珍视的人——你在一起，也能从中学到很多东西。

告诉她，你理解她的心情，但她只能穿这双靴子。你也可以让她把靴子放在楼下，或者提出其他解决方案。你要先懂孩子，孩子才能懂你。这样，孩子的行为处理起来就容易多了。

哦，我把一切搞砸了！

我在工作中遇到一些父母，他们向我表达这样一种感受：他们没能按照自己想象中的方式来养育孩子。他们觉得自己在某个地方偏离了正确的航向，或者突然发现孩子长大了，而自己居然完全不了解他们，或者无法与他们相处。遇到这些情况时，我会说有补救措施。养育孩子是一个长期的过程，你仍然有充裕的时间去成为一个更好的父母，仍然有时间去修补你与孩子的关系，并给予孩子所需的安全感。变化始于你改变养育方式的那一刻。你可以告诉孩子，你曾经非常没耐心，也没给予他们足够的陪伴，经常对他们表现出负面情绪，但现在你决定改变。这是一项极具挑战性的任务，但我可以向你保证，为之付出努力是非常值得的。

最好的教训

不久前，我在街上碰到一位朋友。我们多年未见，于是站在街头聊了很久。朋友告诉我，他是个新手爸爸，儿子现在7个月大，是个健康快乐的宝宝。但他有个忧虑，小家伙没和他在一起时似乎很伤心。当他试图把儿子放到床上时，小家伙就像个被唤醒的魔鬼，又哭又闹，又踢又踹。儿子睡前的烦躁举动在他看来完全无法理解。朋友说他觉得自己像个二流父亲。

养育孩子是一项长期工程，需要花费几年甚至几十年的时间。父母有充裕的时间，只需不断尝试、尝试再尝试。父母无须把每件事情都做对，只需不会总犯同样的错误。

我笑着说，这种不胜任感所有父母都有过。然后，我建议他这样做：每当面对令人抓狂的情景时，他只需站在一旁看着，默默忍受就行。其实，他这样做就是在教导孩子。慢慢地，孩子就会明白一切都会过去的，哪怕他的情绪再强烈，父亲也有办法应对；哪怕他的情绪如暴风骤雨般，父亲也不会让步，但会一直陪在他身边。对小孩来说，没有什么比这个教训更珍贵的了。对父母来说，那些不堪忍受的情景都可以这样处理。尽管父母可能会觉得前路漫漫、筋疲力尽，但只要坚定不移、坚持不懈地这样做，就会促使孩子时时刻刻在主动学习。

显然，我朋友家里的婴儿床上没有魔鬼，有的只是一个缺乏安全感、情绪泛滥的小家伙。这个小家伙需要有人来帮他，让他获得安宁。

随着时间的推移，一切都会好起来的。总有一天，事情会发生重大转折，这一幕对我朋友来说，似乎已成遥远的回忆。这也是你会碰到有些父母说“我们现在高枕无忧”这类话的原因所在，他们已经忘记曾经发生过什么。孩子闹觉，父母一是不要乱发脾气，二是要找到办法来安抚孩子，让他平静下来。如果这做起来很难，那就让母亲陪孩子睡一两个晚上。

几周后，我收到朋友一条短信，他说突然间孩子睡觉就不成问题了，他不知道是怎么回事。这是魔法吗？嗯，在某种程度上可以这么说，养育小孩的确有点神奇。

如何避免父母最常犯的错误？

童年的一切充满魅力，包括不那么令人愉快的一面。那些不愉快大多来得快，去得也快，这让人稍感安慰。了解孩子每个成长阶段的基本特征和需求，将使你避免犯下一些严重的错误。

0～1岁

亲密、耐心与舒适

孩子不可能在这个阶段实现独立，他们不知道怎么忍住不哭，也不知道“不”是什么意思。对这个阶段的孩子来说，最重要的是知道他们生活的环境是安全的，你随时守护着他们。这并不意味着你需要对孩子醒来后的第一个动静就做出反应，或者当孩子刚表露不满就给予回应。如果有需要，孩子会让你知道。不过，你也不能让他们躺在床上哭个不停，或者离开他们，让他们自力更生。你的任务是教孩子如何安静下来，如何与你接触，以及如何保持互动。你拥有的重要育儿工具包括与孩子身体接触，给孩子喂食、洗澡、换尿布、唱歌，以及哄孩子睡觉。身体接触对婴儿的发育来说是最重要的。

1～3岁

叛逆是普遍现象，是成长的一部分

当你说“不行”，而孩子仍自行其是时，请记住，这种现象发生在所有孩子身上。当你早上正忙着收拾东西准备出门，孩子却因为不想去幼儿园而在客厅大吵大闹时，你要知道，所有父母都会经历这样一个过程。这不是你孩子独有的个性——固执、撒泼、不听话。这并不意味着孩子有意在反抗父母，或者对父母发泄个人仇恨，这只不过是他们必经的成长阶段。所以，父母们，做个深呼吸吧，意识到孩子开始有了自己的想法，这是一件多么美妙的事啊！不过，孩子仍然需要你的帮助和指导才能成长。虽然孩子年纪尚小，却十分叛逆，这很容易让父母觉得受到孩子的挑战，并深感无助。为了抑制对孩子滥用权威的冲动，你要知道，越是少打孩子，越是少强迫孩子，孩子就会越快摆脱以自我为中心的反社会行为。通过向孩子表明家人都很爱他，你可以与他一起解决面临的各种问题，就能增强他的安全感，并减少他的叛逆行为。

3～5岁

充足的食物和睡眠

绝对不要责怪一个饿坏了的5岁孩子，这是我多次告诫自己和一些父母的事情。在这个阶段，作息安排是至关重要的。很多孩子需要得到父母的帮助才能在晚上安然入睡，并且常常睡眠不足。请记住，一定要在恰当的时间让孩子上床，比如晚上7点左右上床是合适的。* 父母要确保让孩子按时吃晚饭。世界如此丰富多彩，父母很有可能会错过准时做饭的时间，而一旦饭做好后，大家就开始狼吞虎咽。安排好日常作息以及与孩子交流是父母最重要的养育工具。多与孩子交谈，发现孩子脑海里有趣的想法，孩子的语言表达能力就会提高，他们也敢于把天马行空的想法告诉父母。

* 挪威位于北欧，有的季节昼短夜长，有的季节昼长夜短，作息时间可能与其他地方有所不同。——译者注

6～8岁
童年的“青春期”

这个阶段，孩子开始出现巨大变化。6岁孩子将经历不可思议的质变。孩子似乎有着无穷的精力，并开始有了强烈的情绪。在这个阶段，孩子的行为还会有些怪异，并且健忘。他们可能忘了正在穿衣服这件事，拖着只穿了一条裤腿的裤子到处走。你可能会说，这有点像青春期的做派了。在这个发生巨变的阶段，孩子需要的是，父母能够理解他们的成长有多么不容易，并帮助他们应对好日常生活中发生的事情。如果父母对孩子过于严苛，孩子就会觉得失去自我掌控力，并且很容易放弃努力。正是在这个阶段，孩子开始形成自己的思维方式。他们将会成为乐观主义者还是悲观主义者呢？培养乐观主义，意味着要让孩子不断尝试，哪怕失败了也没关系，还要继续努力。孩子需要得到理解和鼓励，并和别人一起开怀大笑。就“与人同乐”这件事而言，人生中几乎没有哪个阶段比这个阶段更重要的了。

9～12岁

寻求独立，但别忘了回家休息

孩子渐渐开始独立了，喜欢做自己喜欢的事——独自走回家，自己做饭。是的，他们甚至梦想过离家独居。他们开始放手去做一些新的尝试：独自乘坐公交车，独自去购物……这些都是好事，孩子能逐渐掌控自己的行为。与此同时，你的工作是营造良好的家庭氛围，越温馨、越亲密越好。你那即将进入青春期的孩子仍然会回到家里，通过参加家庭活动来让自己放松和获得自信。营造一个能让孩子成长、吃喝和自由发挥的家庭环境，会给孩子一种归属感。这个阶段的孩子尤其需要归属感，需要被人接纳。严厉的批评会毁掉孩子，因为这表明他们没有得到认同。这会让这个年龄的孩子丧失他们最需要的东西——归属感。

13～17岁

无论如何都要关心孩子

这个阶段会发生一件难以避免的事情：孩子会离开家庭，过上独立的生活。在青春期，大脑会发生重构，有些事情会让孩子受到困扰。他们会变得健忘，会搞砸很多事情，并为自己不够优秀而焦虑。他们要么以愤怒和指责的方式对父母发泄这些强烈的感受，要么会沉浸在痛苦、疲乏和胃痛中。他们的攻击性要么向外，要么向内。然而，他们还是需要得到那些能一同反思并支持他们的大人的帮助，虽然他们知道自己不是最优秀的。在这个阶段，父母通常犯的最大错误是断绝与孩子的联系，放弃对青春期孩子的教育。偶尔给孩子冲一杯热巧克力，与他一起遛狗，或者在开车途中与他交谈，这些小事能表明你关心他的成长，你一直在他身边。这些做法会让青春期孩子成长为一个快乐的20岁年轻人，并且无论你以后多老、多羸弱，他都愿意为你冲一杯热巧克力。

2 第二步 理解孩子重要的感受

孩子和成年人一样会产生各种情绪，有些情绪还十分强烈。不同的是，孩子的人生还不够长，还没有学会如何掌控情绪。想想一个正在嬉戏玩耍的 2 岁孩子是怎么在短短几分钟内陷入绝望的，再想想你自己的情绪是怎么发生巨大变化的，比如你初坠爱河时怦然心动，当你爱的人跟你说不再爱你了，顿时就会陷入无边无际的痛苦中，这会让你明白情绪变化是常事。有些情绪是无情的、毁灭性的，有些情绪则催人奋进，让人快乐和自豪。管理好情绪是需要训练的，且与人的成熟度有关，而孩子在这两方面都不如成年人。

出于这个原因，孩子首先需要了解自己的感受，而父母的任务就是帮他们做到这一点。在生活中，能够很好地处理即将喷发的怒火、会伤人的拒绝和真正的爱是非常重要的，但这需要时间。在最好的情况下，人生头 20 年要用来学会如何掌控情绪。

你的任务就是在这方面指导孩子。了解你的孩子能做什么、不能做什么，这很重要。后面我会告诉你克制自己的情绪有多重要，还会教你如何理解孩子行为背后的原因，发现其行为的动力来自哪里。

这对孩子的成长和他们以后的人生是至关重要的。能很好地理解和表达自身感受的孩子和成年人，会在社会上获得更大成功，并得到他人的理解和喜爱。

大脑就像二层楼

当我的第一个孩子来到世上时，我惊叹于他的身体多么完备——10 根手指、10 根脚趾、20 个小指甲，刚出生就像一件完美的作品。我觉得孩子有点像宜家家居的家具，买回家以后，只需花点时间组装就行了。不过，孩子从一出生就像个微型人，似乎已经做好面对世界和各种挑战的准备。然而，事实并非如此。

事实上，婴儿还非常不完善。尽管人类的大脑相当发达，并且具有惊人的能力，但在生命初期尚未得到充分开发，其功能甚至还不如某些动物呢。

与父母们交谈时，我会用下面的想象来说明这个事实：人类的大脑生来就像一座二层楼，从外面看上去很完美。穿过前门，你会看到一楼装修得很漂亮，还有一个崭新锃亮的厨房。看到一楼的门面，你大概会想到可以马上搬进去住。一楼象征着大脑的基本功能：心跳，呼吸，恐惧、快乐等重要的原始情绪，以

大脑的发育完全取决于孩子小时候的生活环境有多安全。那些与父母在一起感到舒适和安全的孩子，会发育出更善于控制情绪的大脑。

及各种原始反射。在这层，你会发现人类生存所需的一切。

然而，想生活得更好，你需要拥有二楼的东西。在楼上，人们有反思和规划的能力，能理解行为的后果，能进行道德思考，能理解和处理烦乱的情绪。就多数成年人的大脑而言，二楼是干净整洁的，而小孩的大脑就像一楼与二楼之间没有楼梯一样，栏杆还没装好，台阶还没铺好，几乎不可能上楼。而且，二楼一片混乱：墙上还没有刷漆，墙里的管道在漏水，墙纸只糊了一半，屋里也没有家具。想使大脑的二楼运转良好，就需要大脑发育成熟，在一楼与二楼之间搭好结实的楼梯，而这是一个耗时而漫长的过程。

人们很容易忘记孩子的大脑与成年人的大脑有多么不同。儿童和青少年的大脑都处于发育阶段，有着丰富而强烈的情绪，但不能很好地处理。没有什么方式能让他们轻易上二楼。如果我们让小孩思考某个行为的后果，就是在提出过分的要求。同样，我们无法命令一个孩子走进他的房间，坐下来思考他哪里做错了，并期待他跑过来告诉你："对不起，我不是故意这样做的。”孩子不善于反省和规划，也不善于理解为什么他们要那样做，因为这些功能都位于大脑的二楼。他们会努力爬上二楼，这是人类的天性，也是孩子需要成长的重要原因之一。

成年人所犯的最大错误就是将孩子犯错看成道德问题。“他就是想考验我的耐心”，我们有时会这样说，或者说“她这样做是故意让我难堪”。如果孩子不停地拉动百叶窗，并不是为了引起你的注意，只是因为百叶窗在他看来很好玩，会发出有趣的声音。孩子喜欢玩火、光滑的酒瓶或非常光洁的电视屏幕也是出于同样的原因。如果你因为孩子做了这些事情而过度指责他们，并冲他们怒吼，那你只是在教孩子一件事：你是一个令他们害怕的人，而不是像百叶窗那样有趣的东西。

你不能揠苗助长，要求小孩像成年人那样行事，因为他们做不到。你要知道，他们会逐渐形成理解力，提前做规划，并从别人眼中了解自己。当孩子长到六七岁时，大脑会突然发生巨变，此后发育速度会加快。到那时，你必须帮助孩子。孩子会观察人们，并学习他人的行为，然后建造一个可供使用的“楼梯”，爬上去装修大脑的二楼，使之设施齐全。

当然，这需要时间，而且是很长的时间。人类的大脑在 20 岁以前不会完全发育成熟，其“装修”也不会那么快完工。

每种情绪背后都有故事

几年前，一个名叫卢卡斯的10岁孩子来到我的办公室。他是那种你会无比喜欢的孩子——有着大大的眼睛，羞涩的笑容能融化人心。但他每次笑的时候，眼睛总是盯着地上。学校与他的父母商量后，安排他来我这里咨询。他脾气暴躁，经常在学校对老师和同学发火。这让他不受欢迎，也让人有点害怕。正如之前提到的，控制强烈的情绪是成长过程中必须完成的任务之一，像卢卡斯这样的10岁孩子还无法完全理解某些行为造成的后果。因此，他们行为的后果通常比他们预想的糟糕，说出的话也比他们真正想表达的伤人。他们经常会用情绪来表达无法言说的话。比如，卢卡斯不会说："我现在真的很生气，因为我觉得没有人理解我，而且家里也一团糟。"长期处于愤怒状态是他唯一的表达方式，以此告诉周围的人，他对发生的一切不满。

或许人们会说孩子的愤怒只会产生破坏、造成问题，但事实上，愤怒是孩子在尽最大努力表达自己。孩子会对周围环境做出反应，而大人有责任找出是什么原因造成的。如果大人能做到这一点，孩子表达愤怒就是一件有价值的事，因为大人能更好地理解他们愤怒的原因。

我认为大人经常对孩子抱有过高的期望。其实，孩子很难说出这样一些话："我觉得自己受到冷落，因为没人愿意跟我玩。”“家里的氛围太糟糕了，因为妈妈和爸爸离婚了，我觉得自己在家里无足轻重，也感到很迷茫。也就是说，我真的很生气。”

相反，孩子通常会做出一些大人不希望他们做的事情，比如咬弟弟妹妹或同学，激怒别人，在互联网上对他人评头论足，撕毁别人的书，经常丢三落四。简而言之，孩子会出现很多不良行为。

如果大人只是看孩子做了什么，不去审视这些行为背后的原因，就会让孩子一直处于这种状态。其实，孩子的感受是有原因的，他们正在努力表达自己。所以，大人要学会理解孩子无言的感受。

侦察孩子的情绪

当你发现很难理解孩子的强烈情绪或极端行为时，该如何倾听和理解其背后的原因呢？这是一个很重要的问题，但我认为最佳答案很简短：你要对孩子的感受和行为感到好奇。当孩子情绪不稳定时，请戴上你的“侦探帽”，忽视他们正在表现的悲伤情绪、令人惊讶或陌生的行为，以冷静的方式回应这些情绪，并耐心地询问：“发生什么事了？”

这么问的目的是及时帮助孩子理解自己的感受。孩子需要意识到并了解自己的感受，还要学会用语言表达出来。有些孩子天生就善于表达感受，而有些孩子似乎很内敛。人们都需要表达内心的感受，因为这能促进个人成长，也能增进人际关系。所有孩子都需要大人的榜样，因为大人能用语言清晰地表达自己的经历和感受。

和孩子一样，父母的性情也各不相同，有的口无遮拦，有的则很少表露自己的情绪。无论你是哪种人，等待你的都不是一项艰巨的任务。你只需通过一些很不起眼的做法，比如与孩子闲聊，就会取得极佳的效果。闲聊是很重要的，并不难做到。你只需问孩子“今天过得怎么样”，让孩子多谈谈自己的感受。孩子的回答通常只有三个词——“很好”“不好”“还行”。这些回答都很好。让孩子说出来，并接受他们的感受，会让他们好受些。

一旦孩子习惯听到并回答这个问题，你就可以适当延伸一下，更深入地了解他们的感受。“哦，是吗？告诉我发生了什么。”你可以这么说，也可以用更多的言语来回应。要知道，你不是在挤牙膏式地套孩子的话，而是在引导孩子。这套做法可能听起来有些陈旧，但非常管用。因为它能让孩子停下来思考，然后表达自己的感受。如果你知道孩子今天要做什么——去郊游、参加一场考试或练习手球，就更容易基于这些信息来提问。当你在做某事时，你应该边做边说，哪怕这件事你已做过上千次了。“你想穿鞋，是吧？来，我帮你。你去那里把那根鞋带拿过来，还有那根……”你不要光做事，要边说边做。你要练习

不要忘了，孩子对语言的理解能力通常比大人认为的更强。在很长一段时间里，孩子能理解的东西远远多于他们能表达出来的。尽管如此，父母有时还是会在其他大人面前对孩子评头论足。请记住，一定要避免这样，因为孩子的语言理解能力发展得很快，他们能听懂的内容远比大人认为的更多。

如何开启与孩子的对话：孩子还没学会如何交流，需要有人帮助他们。

这种侦察工作一定要基于对孩子的爱。

没有危险的情绪

今年夏天，我路过奥斯陆一个老工业基地，那里只有少数工厂的烟囱仍在使用，大多数地方已变成咖啡馆。在一块人造草皮上，当地学校正在举行年度足球比赛，我就抽空看了看孩子们的表现。比赛进行得非常激烈，双方势均力敌，这时有个球员因为犯规遭裁判训斥并被罚下场。当他走向替补席时，眼泪止不住地流。“不要哭了！”一个老教练命令道。“现在就停止抱怨！”但教练越是命令他，男孩就越是难以控制自己的情绪，最后远离他人，独自哭泣。

大人在面对情绪问题时，也会有手足无措的情况。没有什么比听到“不要哭了”的要求更让人泪流满面了。这无助于平复孩子的情绪，是一种破坏性的而非建设性的做法。然而，我们却经常这样做。

我喜欢把情绪视为指示器。愤怒、悲伤、沮丧和其他强烈的情绪是人天生就有的，你无须为任何情绪感到害怕。而且，我敢向你保证，压抑情绪永远不是一个好的解决方案。了解情绪对孩子来说很重要，孩子需要懂得接纳每种情绪，这样才能更快地学会处理最强烈和最困难的情绪。

教练应该对那个男孩说：“被罚下场让你很难过，对吧？”如果孩子点头表示同意，教练就继续说道：“我知道了。我们稍后再谈这件事，你先去替补席吧。”

这样做既保住了男孩的尊严，也避免了教练与队员的疏远，下次男孩很可能会表现得更好。

父母往往喜欢说类似这样的话：“现在你长大了，不能再那

不要告诉孩子应该有什么样的感受，而要倾听并尝试理解他们的真实感受，帮助他们找到解决办法。否则，孩子就会习惯性地怀疑自己的真实感受。

样哭了。”“你真的想在众人面前出丑吗？”“不要这么幼稚！”这些训诫很容易脱口而出，都在以不同方式压抑孩子的感受，会破坏亲子关系。

没有人说话总是正确的，但努力提高意识是明智的，以免一再犯同样的错误。我很清楚忽略孩子的感受是多么容易。当我儿子摔倒了，我有时也会说：“不疼，自己站起来！”但是，也许他真的觉得很疼呢？如果孩子受到某种情绪的困扰，你应该先承认他的感受，然后告诉他应该怎么做：“你摔倒了，伤到了吗？哦，看起来不太妙。你能试着自己站起来吗？棒极了！你还想玩吗？”

这种做法会让孩子将内心感受与外部世界联系起来。孩子学会将发生的事情用语言表达出来，并且知道有比压抑自己的感受更好的解决方案。

当父母以某种方式让孩子觉得自己的感受不对时，孩子就会相信自己有问题，开始自我怀疑。这会让孩子更难控制情绪和解决问题。如果他们认为表达内心感受并没有什么好处，那你就为他们提供了一个糟糕的成长起点，削弱了他们今后在生活中所需的自信心和安全感。

理解孩子的感受

帮助孩子处理情绪包括两个步骤。第一步是感同身受，表

给予大脑发育足够的时间和空间，不要让孩子一直处于危机和冲突中，这样大脑才能发育良好，具备最佳的学习能力。

明你理解他们的感受。你可以把他们的感受用语言表达出来，以表明你理解他们。这也是一种侦察工作。如果你真的理解对了他们的感受，就会发现孩子有多感激你的理解和解释。

“你是因为不会那项球技而生气吗？我知道，学会这个动作需要花很长时间，有些人为此反复练习 100 个小时以上。但是，如果你继续努力，一定会成功。”或者，你可以说：“你是因为他们不愿跟你玩而感到沮丧吗？我看出来了，这让你难过。不过，也许你可以去找其他小朋友玩呢？”

当你以这种方式留意孩子的感受，就是在让他们为以后融入社会、遇到新的更强烈的情绪做好准备。无论你是否善于表达，只要敢于以开放、冷静和理解的态度回应孩子的感受，孩子就会从中受益。

我的小儿子每当做不好他想做的事情时就会生气。有一次，他因为没能画出心形，就坐在厨房的地板上发脾气。“哦，我明白了，你很想画出一个心形，但没能做到，对吗？”我说。他点了点头。“大多数人要尝试 800 次才能画出来。”我继续说道。我只是脑海中想到一个夸张的数字，就随口说了出来。他就安

> 有些父母与孩子说话的方式就像孩子是个大人，但孩子就是孩子，不应该被当作大人对待。有些父母则当了太久的“保姆”，像对待婴儿一样说话和抚摸孩子。正确的方式是介于二者之间，父母应根据孩子不同的成长阶段使用不同的交流方式。

静下来了，继续画，直到画出他想要的心形。你要知道，沮丧是两种情绪的混合：一种是获得成功的渴望，另一种是没能成功的悲伤。作为成年人，你肯定理解并有过这两种情绪。

第一步很重要，但光靠它还不够。表达理解之情，然后停滞不前，是无济于事的。相反，这甚至会让孩子更迷茫。一旦你理解并确认孩子的感受，第二步就必须跟上了，即帮助孩子摆脱负面情绪。如果孩子因为有人弄乱了他的文具盒而生气时，你要先表示理解。毕竟，有这种情绪并不稀奇。但是，你应该帮助他从这种情绪中走出来，并帮忙整理文具盒。你一定要让他摆脱报复的想法，克制自己。“当然，你对此很气愤是正常的。现在，我们去你的房间找一些笔来装满你的文具盒吧。”然后，你可以就此与孩子展开对话。当然，对话的内容取决于孩子的年龄。你可以对孩子说要友善待人，也可以谈论犯错与宽恕，或者探讨什么是好朋友。

和大人一样，孩子也需要被提醒生活还得继续啊。

孩子需要学会应对冲突

孩子会从冲突中受益，他们需要经历生活的波澜。父母想要保护孩子免受一切伤害的想法很正常，但这不是一个好主意。从很小的时候开始，人们的生活中就充满冲突和误解。虽然它们有时让人痛苦，但孩子需要为各种情况做好准备，因为人生充满跌宕起伏。

当然，如果没被邀请去参加生日聚会，或者被班上最喜欢的人拒绝，孩子的确会很伤心，但这是生活中常有之事。所以，父母需要转换一下视角，把孩子经历冲突和体验悲伤视为一件好事——它们为孩子应对问题提供了绝佳的机会。如果说孩子能从中获得什么益处的话，那就是学会如何处理冲突，这在以

父母有责任给孩子表达情绪的机会——既让孩子学会如何表达，又给孩子表达的空间。良好的沟通表现为对情绪的表达和理解。在内心沸腾的情绪或被误解的情绪会导致身体产生应激反应。

后的生活中肯定用得着。

如果出现相反的情况，当孩子遇到冲突时，你加以谴责或沉默以对，孩子就无法学会如何应对冲突。或者，如果你作为大人替孩子解决冲突，比如给其他父母打电话，或在任何情况下都充当孩子的代言人，孩子就永远学不会自己解决冲突。但是，如果你向孩子表明，即使生活偶尔有点波折，事情也总是可以得到解决的，那你就是在向孩子传授一种非常有价值的知识，孩子能从中学会一些为人处世之道。

父母以冷静、耐心和开放的态度回应孩子的感受，就是最好的养育方式。那些学会把发生的事情用语言表达出来，并能从困境中走出来的孩子，将会变得更加独立。他们学会理解自身的感受，探寻这些感受来自哪里，知道如何正确应对。在这种情况下，他们的感受就成了很好的行动指南，而不是绝对真理。父母可以与学会识别自身感受的孩子交谈，并进一步帮助他们。这样，孩子能在社会上与他人更好地合作，拥有更强的自信心和更多的安全感，并更善于管控自己的情绪。那些没能学会这一点的孩子，将自我孤立。

教会孩子理解自己的感受，是能让他们终身受益的礼物。

如何安慰孩子？

请想象如下画面：你正坐在飞机上，突然飞机剧烈颠簸起来。现在你最需要的就是乘务员向你解释发生了什么，并给予你安慰和鼓励，让你觉得好受些。在很多情况下，父母就是孩子人生中的“乘务员”。孩子并非天生就有保持镇静的能力，但他们最终可以通过学习获得这种能力。当他们处于困境时，需要大人理解他们的遭遇，并帮助他们走出困境。这就像听到令人恐惧的噪声一样，他们就会向大人求助，了解发生了什么，看看该如何应对。孩子不可能总是过着无忧无虑的生活，也会遇到各种难以避免的冲突，有时甚至会被他们所经历的危险事件吓坏了。但与此同时，他们也会在所有或大或小的经历中获得指导和安全感。这些经历将帮助他们成长，并让他们知道自己能够很好地处理各种状况，让事态朝着好的方向发展。保持冷静，给予孩子理解、解释和安慰，这是身为父母的重要职责，应贯穿孩子成长的始终。

0～1岁

安慰孩子，使之平静下来

没有什么比安慰一个哭闹不止的婴儿更让父母焦虑和心碎的了。孩子到底怎么啦？你该怎么办？婴儿不会给你任何提示，你要通过不断试错找到答案。但婴儿哭闹是有不同原因的，知道这一点对父母来说非常有用。哭闹是婴儿让你知道他需要你和你的帮助的唯一方式。婴儿不会为了引起关注或故意为难你而哭闹，而是因为有些事情他自己解决不了。如果饿了或累了，婴儿就会醒来，需要父母给他换尿布，或者想要父母抱抱，与他有身体接触。然后，父母就要想办法安慰他。首先，你要向婴儿表明你就在他身边：牢牢地抱住他，努力让他平静下来，并哄他睡觉。同时，你要思考他为什么哭闹。

亲密接触是第一步。哭闹的婴儿需要安慰，而亲密接触对婴儿来说至关重要。哼唱小曲，用你的声音表明你就在他身边。这一做法相当简单，也相当有效，应贯穿孩子整个成长过程。如果你觉得太疲倦，以至于无法安慰孩子，那你应意识到自己不是第一个有这种感受的父母。这时，你应该寻求帮助，让家人和朋友来帮忙，或者与你的私人医生交流，以得到休息。

1～2岁

给孩子提供安全基地

孩子开始学习说话和获取知识，这是一件令父母激动的事情，但它也为冲突、失望和误解开启了大门。当孩子似乎乐于尝试一切新鲜事物，而你不想让他尝试时，孩子就会感到沮丧。所以，你要记住，不管发生什么事，你都不要急于阻止孩子的尝试，何况有时你也很难阻止。你需要了解孩子的性格和成长阶段，这样处理方式就会有所不同。孩子是需要你跟他保持适当距离的安慰，还是想让你把他抱在怀里才能安静下来？对这个年龄段的孩子，最重要的是你要明白，尽管他们还不能用语言表达自己的感受和想法，但那些感受背后总是有原因的。不要不理睬一个正在生气或感到沮丧的一两岁幼儿，相反，你要让他知道你就在他身边。这样，孩子就总会向你寻求帮助。与孩子保持良好的关系，让他知道你那里就是一个安全基地，哪怕他发脾气时也是如此。通过这样做，你就奠定了孩子对你产生信任的基础。

3～5岁

理解并帮助孩子走出困境

当你4岁的女儿双手叉腰，站在那里大声说“这是我经历过的最糟糕的事情”时，她的感受可能是对的。在缺乏经验的情况下，负面情绪总是更令人困扰。这时，父母就应该介入，了解发生了什么，确认你所看到的一切，并帮助孩子理解自己的感受。孩子有可能会情绪失控，但咒骂、毁坏物品或者将物品踢飞是解决不了问题的。负面情绪无助于事情的解决，但它表明你正陷入困境。父母应迅速帮助孩子走出困境，但不要小题大做。“好吧，我理解你的感受，你确实很生气。是的，每个人都有生气的时候。现在，让我们出去吃点东西吧。”孩子需要在你的帮助下知道发生了什么，并走出困境。

通过理解孩子的感受，你就是在帮助他解决问题。但你不应干涉孩子的情绪，否则很容易被孩子的情绪卷入更大的麻烦中。相反，你只需成为向导，引导孩子摆脱负面情绪。

6～9岁

必要时出手相助，让孩子有安全感

随着年龄的增长，孩子面临的困难会越来越复杂。他们与朋友争吵很多是为了鸡毛蒜皮的小事，而他们需要从中吸取的教训也没那么简单了。孩子上学后，要做家庭作业，会寻思放学后跟谁一起玩，会思考哪些娱乐活动很有挑战性，还会提出如下问题：“我够优秀吗？”而父母很容易忘记这个阶段的孩子仍然需要安慰和理解。如果他们因为不会做家庭作业而沮丧和生气，就需要得到父母的理解和帮助，而不是嘲讽和指责。在这个年龄段，你需要后退一步，站在孩子身后——当他们需要帮助时，你不要马上为他们解决所有困难，而要给予指导。因为学会应对沮丧、挫折、分歧，甚至与朋友闹矛盾，对孩子的一生是至关重要的。但他们还是需要你提供解释并予以理解，帮助他们走出困境。你要学会与孩子交流，这样才能知道孩子发生了什么。你要专门留出时间与孩子交谈，而那些从不与孩子交谈的父母不利于孩子成长。

10～13岁
保持适当接触

10岁孩子已经开始积极寻求独立。他们想象中最美好的一天就是没有父母在身边。但是，他们仍然需要父母的建议、指导和安慰。这个阶段的孩子已经接近青春期，生活中会遇到很多以前没遇过的情况。这个阶段的父母面临的最大挑战是，要把自己放在合适的位置上，同时还要给予孩子安慰。如果父母咄咄逼人，孩子会感到窒息。但是，如果父母不管不问，孩子又会觉得被抛弃。所以，父母最好与孩子保持适当接触，比如睡前交谈，陪孩子去学校，或者冲一杯热巧克力，单独与孩子度过有点小小仪式感的周末。父母要认真倾听孩子对生活的看法，并表现出兴趣。这样，父母更有可能了解孩子遇到什么困难，然后给予安慰并提供建议。

遗憾的是，在这个阶段，很多父母不再与孩子交流，因为他们认为孩子已经能够自己应对所有事情了。这是一种误导性的观念。父母一定要时常与孩子交流，并意识到孩子需要你的帮助。与孩子身体接触，拍拍孩子的肩膀，出现在孩子的视野里，这些交流方式都很重要。但在很多孩子看来，父母不应在公共场合做出这些举动。所以，父母要留意孩子的反应，避免让他们感到难堪。

13～17岁

接纳孩子，并提供帮助

这一阶段的青少年，将经历因激素变化带来的生理与行为变化。他们可能会突然尖叫，这是正常的生理反应。父母要与孩子保持良好的关系，确保无论发生了什么或你们之间发生了冲突，都不会削弱你与孩子的关系。同时，父母要向孩子表明，你仍然愿意为他们提供帮助。在这个阶段，孩子容易忘记很多事情，需要父母帮助他们解决实际问题。但你不要越俎代庖，只需表明你可以提供帮助。如果在这一阶段你完全接纳了孩子，就为他们提供了最大的支持。你几年前就发现的很多独立的积极信号现在已经被孩子隐匿起来了，但到16岁以后，这些迹象会逐渐重新出现。不要忘了，青春期孩子尤其需要被父母接纳，尤其需要与值得信赖的父母交流，尤其希望遇到困难时能得到父母的支持。

睡眠问题——被扰乱的生物节律

“为什么她还不睡觉？”“他很难按时睡觉。”“我们已经想过一切办法了。”无论孩子的年龄多大，睡眠问题都是家庭生活中一个非常热门的话题。青少年通常睡眠不足，因为上床太晚，而低龄儿童则醒得太早，或者不愿准时上床。父母须谨记，孩子的睡眠和成年人的睡眠一样，与生活质量息息相关。和大人一样，如果孩子心里装着很多事情，睡眠质量就会很差。也许他们正在学走路或学说话，也许他们第二天早上要参加法语考试，也许他们那天与朋友发生了冲突……内心不平静的孩子，睡眠质量就不会很好。

睡眠的时长和质量因人而异，这是人类发展过程中很奇怪的现象。不过，孩子和青少年比成年人更需要优质的睡眠。这就是你应该在家庭生活中重视睡眠问题的原因。你需要帮助孩子获得高质量睡眠，无论他们处于哪个年龄段。当然，如何做到这一点取决于孩子的年龄，但你绝不要相信孩子睡得太少或者不想按时睡觉是因为他们想报复你。孩子之所以出现这种情况，是因为他们虽然知道睡眠很重要，但睡觉对他们来说是件难事。

每当有人告诉我找到了让孩子睡觉的好方法，我都会觉得这好比我在互联网上读到新的减肥方法。解决睡眠问题与减肥一样困难，没有放之四海而皆准的方法，不是那么容易就能搞定的。当然，有时候有些策略还是管用的，以至于你以为破解了睡眠的密码，直到家里又有了一个睡眠习惯与你们完全不同的孩子，你才发现自己需要一个新的解决方案。

所以，父母要根据每个孩子的特点找到合适的方法，但也要意识到睡眠问题与家庭的作息规律以及孩子所处的成长阶段有关。

拥有优质睡眠的秘诀（针对低龄儿童）

- 确保孩子睡觉前的心情是愉快的——夜晚应该让人感到快乐。如果你开始担心孩子的睡眠问题，晚饭后的家庭氛围就会变味，事情就会朝着不好的方向发展。
- 让孩子在合理的时间上床。玩得正高兴的孩子很难按时上床，无论是刚学步的婴儿还是青春期的孩子都这样。
- 举行睡前仪式。比如，播放同一首曲子，读一本书的某个章节，提供和以前一样温暖舒适的睡眠环境，与泰迪熊聊天，或任何适合你家的仪式。不过，睡前仪式要简短，不能把你搞得筋疲力尽。
- 当孩子准备睡觉了，而你也觉得时间合适，那你在完成睡前仪式后就离开孩子的房间。这个做法适合 2 岁以上的孩子。有些孩子会让你一直待在房间里，直到他们睡着，这个习惯性做法可能会持续到他们读小学的头几年。
- 如果孩子哭了，你要走进房间安慰他们。你可以等几分钟，但不要让孩子哭太长时间，否则会让他们更难平静下来。
- 离开前，你要对孩子说你将离开房间，但如果有需要，你会立刻出现在他面前。你要让孩子知道你跟他很亲近。一旦孩子提出要求，你就要随时准备好进屋。

- 父母要轮流哄孩子。如果轮到你独自哄孩子，你应尽可能地好好享受这个过程，而不是把它当成一种任务。
- 孩子的卧室要干爽和安全。如果你与孩子睡一张床，就需要买一张大床，并且卧室的空间要足够大。
- 不要灰心！让孩子在晚上平静下来需要花些时间，但每个人最终都能学会如何去做。最终，所有孩子都能在床上度过漫漫长夜。

3 第三步

该放手时就放手

今天的孩子在很多方面比以前的孩子幸福，除了一点——他们几乎没有独自一人的时候。

今天的父母一定是有史以来最喜欢过度计划的父母。孩子的休闲时间被安排得满满的，而且总是在大人的监督下进行。孩子的一切学习活动——练习足球、学戏剧表演、上舞蹈课、学音乐、练体操，都在成年领导的注视下进行，而父母就在他们身边或附近徘徊。父母为孩子支付各种活动费用，孩子似乎被允许自由发展，但实际上整天被父母围着，这就是父母的自由观。我经常想，为什么父母会这样做？也许这些父母认为优质父母就是这样做的，所以要跟上。

其实，我认为大多数父母心里清楚这种做法是有问题的。孩子需要脱离父母的视线，自由地玩耍。父母也许与孩子过分亲近了，以至于会干涉孩子与同伴的争论，或者干涉孩子比赛的结果，但实际上他们应该后退一步，给孩子空间。父母不需

> 要给孩子不受监视的玩耍机会。如果父母的控制欲太强，孩子就不能学会应该学会的东西。你要知道，孩子天生就能通过玩耍学到知识和技能。

要在孩子比赛时或练习时跑上跑下地给孩子加油，不需要为孩子解决所有问题。相反，他们只需给孩子机会做自己喜欢的事情，然后让孩子回家告诉他们学到了什么。

这听上去有些怪异，但我敢保证，这个提醒是很有必要的：如果父母过度掌控孩子的生活，就会使孩子失去自信，不再相信自己可以把事情做好。尽管父母的意图是好的，但这种做法最终会害了孩子。

独立自主是一个人自我感觉良好的重要来源。

让孩子保有秘密

让孩子独处是有益的，不，应该说会让孩子更健康。孩子需要有个人隐私。我想为孩子保留个人隐私说几句好话。把日记本藏在衣柜里；发现森林里隐秘的小木屋；吃了不该吃的巧克力；与某个特别的人约会，即使过了就寝时间也在所不惜……这些藏在孩子心里的秘密，就像随身携带的小护身符一样。如今通过手机和手表的 GPS 定位，监视孩子的一举一动比以前容易多了。有的父母随时想知道孩子在哪里，要求孩子提供用户名和密码，接送孩子去任何地方，浏览孩子的日记和脸书，结果剥夺了孩子拥有隐私的乐趣。孩子不敢再迂回地跑到公园去看一眼暗恋的男孩或女孩，也不敢选择不同的回家路线，因为害怕碰到学校的恶霸。

如果孩子觉得随时受到监视，就不敢去做某些事情，而这些事情本来可以教会他们如何面对人生。当我讲课时谈到这个话题，总有父母认为孩子的上网行为也必须受到监视，主要是想知道他们的发帖内容或者他们有没有被欺负。我认为孩子需要具有警觉心和责任感的父母，但我不认为这足以成为父母向孩子索要手机密码和电脑密码的理由。如果我们将孩子这么一

低龄儿童愿意与你分享秘密，这会让他们有种自我价值感。但孩子上学后就会试着保守自己的秘密，不愿再与家长分享。爱上某人，想在互联网上看某些内容，或者喜欢吃自己做的食物，这些都是孩子心里的秘密，父母应该允许他们拥有这些隐私。

当新的难题摆在面前时，父母不要感到沮丧，这意味着旧的难题即将消失了。

点个人空间都剥夺了，他们就真的失去自我了。

从幼儿园开始，父母就时刻监视孩子，但孩子需要自由去尝试不同的玩耍方式以及与人打交道的方式，不要大人总是干预。像狱卒那样监视孩子是对孩子的冒犯，往坏里说，那不利于孩子成长。

毕竟，父母的目标是让孩子渐渐能自食其力，而孩子需要为此练习。你与孩子的关系应该是慢慢放手。放手让孩子去面对这个世界吧！不过，你要循序渐进，根据孩子的成长阶段及其应对挑战的能力来做调整。这就是孩子学习和成长的方法。这也是不要监视和约束孩子的原因所在。

放手不是个坏主意

人们很容易忘记人类天生就拥有多么惊人的装备。人们可能会认为自尊是从父母那里继承来的，但令人惊讶的是，孩子天生就配置了一种“程序”，让他们本能地顾及自己的安危。这是一件非常自然的事情，通过游戏就能发现这一点。如果你让孩子玩耍，就能发现这种本能。从六七个月大开始，你就会发现婴儿想爬上爬下，他们痴迷于爬椅子或台阶，并逐渐取得进展，最终实现自我突破，能够站起来行走。这是孩子找到新游戏并实现通关的第一个阶段，这一过程完全是靠他们自己实现的。

孩子不需要大人帮他们开发游戏或告诉他们方法，只需被允许自由发挥。

当我们给予孩子成长的空间，同时不要过早地设定对孩子的期望值，他们就会自学成才，并很好地应对这个世界。

这一切完全靠孩子自己来实现。

父母应克服恐惧

我很怕水，可以说讨厌水。可是命运弄人，我最终还是嫁给一个喜欢木船、喜欢海风吹拂头发、喜欢听海浪声的男人。无论我怎么努力，每当看到我们的孩子身处海面时，还是非常紧张。我的儿子们不知道他们的母亲怕水，也没看过他们的母亲因为怕水而脸色苍白的样子，所以我只做了一件事：让我的丈夫照顾好他们，一定要让他们穿救生衣，遵守船上的安全规则。这样，我才能放心地让他们自己去划独木舟。我必须站在孩子身后，这是身为父母的职责。当他们在陆地上，在高耸的地势上活蹦乱跳时，我的丈夫就会放任不管，由我来看护孩子。

身为父母，你显然需要对孩子的安全负责。首先，也是最重要的一点，你要知道孩子处于哪个年龄段。然后，你才知道哪些东西或行为对孩子来说是危险的，比如正在学步的婴幼儿不应该玩滑板车，而15岁孩子不应该喝酒或者应该知道使用安全套的重要性。你对孩子安全的关切，与你对孩子成长情况的了解程度有关。

不过，如果孩子正在学走路，父母应该接受他们经常会摔倒这一事实。尽管孩子在学骑车的过程中会犯各种错误，但他们最终还是能学会。如果你过度保护孩子，就是在延缓其自然成长过程。这还意味着你可能侵犯了孩子的安全感，妨碍了他们的社交和心智的成长。如果你的掌控欲太强，孩子就会怕犯错误，畏惧失败，并失去自信，这将给他们的人生带来负面影响。

如果给予孩子自由成长与发展的空间太小，会使他们拒绝寻求父母的建议和指导。因为他们知道那只会得到父母严厉的警告，即使他们寻求帮助，也不会得到任何结果。当父母控制欲太强，对孩子过于严厉时，孩子与父母之间的亲密与信任关系就会消失。请想象一下，孩子就像一棵树苗，如果周围的树木太茂密（即家庭环境令人窒息），或者生长在见不到阳光的阴影里，就无法茁壮成长；如果离其他树木太远，又很容易暴露在飓风和恶劣天气中。如果一个10岁孩子想独自去参加体育运动，父母应该允许他们自己乘坐公交车并学会支付车费。如果有必要的话，父母也可以鼓励孩子向其他大人寻求帮助。如果你太担心孩子的安危而不愿让他独自乘坐公交车，孩子的世界就会变得很小，很难建立一个 10 岁孩子应有的独立感。

父母要与孩子一起成长，瞄准时机，让孩子尝试新鲜事物，放手让他们去干。

身体发育对智力发育来说很重要。学龄儿童既需要安静地坐下来听课，也需要攀爬、玩耍和四处走动。

安全玩耍注意事项

在任何文化和国家中，同龄儿童的游戏方式大致相同。人类在智力和社交能力方面的发展具有共性，这反映在人们玩的游戏中。不管在高楼林立的中国香港还是挪威的乡村，同样的规则和基本理念都是适用的：通过游戏，孩子可以学到他们需要学习的东西，但游戏必须由孩子主导才行。成年人可以参与其中，但要让孩子制定游戏规则。至于何时进入新的游戏阶段，每个孩子的情况不同，但在任何阶段早点退出从来都不是目标。父母应该跟随孩子的步伐，在孩子准备好之前不要引入新的玩具和游戏。

通过这种方式，完全由孩子来掌控游戏的节奏，他们就能学会需要学习的东西，并成为拥有自尊心和安全感的孩子。而父母所要做的，就是允许孩子自己玩。

0～2岁
“躲猫猫”游戏

孩子最早感兴趣的游戏就是各种形式的“躲猫猫”。他们会痴迷于此，并享受无穷乐趣。无论你躲在门后，用手把脸遮起来，还是躲在桌子底下，孩子都会想：“你真的还在那里吗？”就培养孩子的自尊心而言，该游戏能提升孩子的自信：“我是一个人，你是另一个人，而且你还很喜欢我！”当父母与孩子开展这种互动时，双方都会玩得很开心，也会产生强烈的被爱、被需要、被珍惜的感觉。而且，实现这种互动真的非常简单而美妙。当你很高兴见到孩子时，其实就是在告诉他：“这个世界欢迎你。”这事关能否接纳孩子，与孩子建立亲密关系。

如果你愿意，这个游戏可以成为日常生活的一部分，一直玩到孩子上幼儿园。当孩子开始学会说更多话后，就会对这个游戏逐渐丧失兴趣，到时就能玩更高级的游戏了。对这个年龄段的孩子，你可以每天在地板上和他们一起摸爬滚打，与他们交流，跟他们一起玩。父母通过参与游戏并向孩子展示如何与人互动，就能提高孩子今后与其他孩子一起玩耍的能力。

2～3岁

“帮助”游戏

想培养这个年龄段孩子的自尊心，就要通过玩游戏，让孩子觉得自己是有用的。孩子喜欢帮父母把碗放进碗柜里，清理餐桌上的垃圾（不要介意，他们可能会把事情弄得更糟）。他们还喜欢模仿大人的举动，比如熨衣服、使用吸尘器或做饭。通过做这些事，孩子会明白他们不是只会给大人添麻烦，还能给大人当好帮手。在这个互动过程中，语言将扮演更为重要的角色。向孩子表明每位家庭成员都很重要的方式就是，父母要对孩子的帮忙表示感谢，并夸赞孩子的努力。当然，你自己做事可能会更快，但让孩子做力所能及的贡献会使之更自信。

3～5岁

角色扮演游戏

最终，孩子的语言和社交能力都会进步。在这个时期，孩子进入一个角色扮演的阶段，会赋予每个同伴一个角色，然后逐渐在越来越复杂的场景中扮演各种角色。

最常见的角色扮演游戏是“过家家”。这个游戏好就好在能为不同年龄段的参与者提供不同的角色。扮演母亲的角色显然比扮演狗狗或者婴儿的角色更难，而这给不同年龄段的孩子提供了自由发挥的空间。

通过这个游戏，孩子能学会如何与人合作和相处。当孩子发现自己作为一个社会人能做很多事情时，自尊心就会呈几何级数增长。很多父母厌烦与孩子“过家家”，但他们只需回忆一下这些角色扮演如何增强了孩子的自尊心，如何加深了孩子对角色的理解，如何帮助孩子提升了安全感和自我认知，就会发现这个游戏有多重要。显然，孩子正在为今后的人生尝试不同的角色，并对此进行练习。

5～7岁

“幻想”游戏

幼儿园里年龄较大的孩子可以玩更复杂的游戏。这种游戏需要孩子有更丰富的想象力，能开启孩子对整个世界的认知。孩子会扮演超级英雄，会假装乘坐宇宙飞船在月球登陆，或者在更复杂的战争游戏中打仗。这是孩子经常会玩的游戏，其重要性在于让孩子觉得凡事皆有可能。父母应该允许孩子建立自己的幻想世界。在这个过程中，孩子将培养某种独立性。虽然这是通往真正独立的一小步，但它能让孩子意识到“我”是谁，而“我”不同于其他人。通过这个游戏，孩子会增强独特感，意识到世界是一个美妙的所在，充满各种可能性。

这个阶段要让孩子与小伙伴玩耍。如果孩子们不能解决在玩耍过程中产生的冲突，大人应该提供帮助。解决冲突是大人经常面临的一项重要任务，应通过沟通来解决。同样，父母也要与孩子交流，了解到底发生了什么。如果一个孩子老是被其他孩子嫌弃，那么，父母可以组织一场游戏，让这个孩子参与。如果你的孩子喜欢玩弹珠，你就设法让一群孩子一起玩，让孩子们产生互动。与此同时，父母也应该经常与孩子玩耍。与孩子玩得越多，父母对孩子的了解也就越多。

7～9岁

基于规则的游戏

在玩过精彩的“幻想”游戏后，大多数孩子会进入讲规则阶段。孩子需要理解规则，并遵守规则，这一点至关重要。孩子喜欢为游戏制定规则，也会花很长时间来探讨规则。牵头制定规则并做出更多决定的那个孩子会脱颖而出。孩子会逐渐成为社会公民，并与复杂的世界打交道，而在这个世界里，规则是很重要的。

父母要让孩子明白规则不能只按照自己的需要和愿望来制定。为了让你的孩子能与他人维持长久的友谊，与他人相处融洽，让他们明白这一点尤为重要。

在这个阶段，你应该让孩子和朋友们自行玩耍。如果他们产生了矛盾，你不要每次都站在你的孩子这边，而要让你的孩子了解人们应该如何协商、相互理解、付出与接受——实际上，这就是在告诉孩子应该如何与人相处。在这个阶段，孩子很容易迷上电子游戏。你应该鼓励孩子玩其他游戏，参加体育运动。如果父母允许并提供机会，这个阶段的孩子还喜欢玩捉迷藏、模拟战争游戏和绘画。为了让孩子全面发展，你还应该培养孩子更多的兴趣爱好。

9～13 岁

亲疏有别，结交密友

在小学后期，“友谊”成了孩子们的热门话题。他们开始根据自己的喜好来择友，而“友谊”的含义也从玩伴变成了知己。这对父母来说是一个挑战，因为父母无法决定孩子选择哪些人做朋友。孩子还经常会在亲密的朋友面前对别人说三道四。在这个阶段，孩子的自尊心是通过与他人形成紧密联系而培养起来的。这时，父母要以一种关怀和尊重的方式指导孩子，使之在与朋友相处的过程中不会互相伤害。另外，父母既要确保孩子不欺负别人，也要克制自己想干预的冲动，让孩子学会自己长大。这时候的孩子需要大人的关注和指导，就跟其他阶段一样。

孩子现在有了很强的自主性，其社交结构也变得相当复杂了。如果你的孩子被一些孩子嫌弃，你就要带他加入与之有共同兴趣且能接纳他的群体。在这个阶段，你不能强迫孩子们在一起玩耍，但要确保他们有机会这样做。你可以为孩子安排一些活动，以便发现他喜欢做哪些事情，并让他找到志趣相投的朋友。

13 岁以上

秘密与亲密

从现在开始，孩子会发展出越来越深厚和亲密的友谊，不会严苛地对待朋友，愿意与朋友分享自己的隐私和个人信息。至关重要的是，父母要记住青春期是新的人生起点，孩子面临抑郁的风险是很高的。如今，互联网已成为青春期孩子最重要的社交平台，他们犯错的后果会比以前更严重。青春期孩子需要父母理解其痛苦感受，给予他们安慰，帮助他们走出困境。在这个阶段，孩子会逐渐意识到他们可以与他人形成非常亲密的关系，能够应对来自他人的爱或排斥。这对孩子自尊心的培养来说是至关重要的。

分享孩子的激情

如果说有什么是孩子最需要的，那就是渴望受人关注。当他们爬到树上，掌握了一种球技，或者从跳水板上跳入水中时，他们会大呼：“爸爸，看我！”他们十分渴望与父母分享自己的经历。然而，很多父母给予的回应却不是孩子真正需要的。很多时候，父母只是简单地应付一句：“做得好，宝贝！”仔细想想，孩子真正需要的是父母看到他们的举动，并对其价值予以充分肯定。虽然父母说那句话也是一番好意，但那不是孩子想要的。

例如，一个4岁女孩带着她在幼儿园做的手工作品来到你面前，她可不是希望你评价她做得好不好。很多父母会很自然地回应道：“它很漂亮，你真聪明！”孩子可不是想要寻求这样的评价，而是想让你看看她的劳动成果。如果孩子在某些事情上做得很好，会希望有人用热情洋溢的话来祝贺他，并认真看他的劳动成果（无论是他画的一幅画，还是他搭的乐高积木）。成功的喜悦与被人评判的感受有很大不同。如果父母回应道：“谢谢！孩子，告诉我你做了些什么。”或者，父母只是说：“嗨，宝贝，很高兴见到你！”你具体说了什么真的不重要，事实上，只要你能发自内心地向孩子表明你看到了他们的成果就行了。当孩子

最终做成某事时，你可以分享他的喜悦：“哇，你可以自己系鞋带了！这可真不容易，现在你做到了！”这种表扬绝对比你动不动就给孩子的表现打满分有价值得多。

如果孩子一直没能把某事做好，你不要说他很聪明，或者坚持认为他做得很好。你可能以为表扬总是件好事，但孩子看得出来你在骗他，并因此对自己失去信心。相反，你要让孩子振作起来，持续练习，直到把事情做好。没有什么比成功更能让人感觉良好的了。而且，最好能与自己所爱之人分享成功的喜悦。对孩子来说，你就是他所爱之人。

4

第四步

孩子有了麻烦怎么办?

世上不存在没有问题的孩子，但总有一些父母吹嘘自己的孩子有多好带，比如说“她一上床就睡着了”“他脾气很好”。然而，这些父母只不过忘了孩子曾给他们带来的麻烦，因为那是很久以前的事了。

养育孩子的过程中总会遇到各种挑战，危机也是难以避免的。这听起来很悲观，但就像养育孩子的过程中会经历无数喜悦一样，父母也会经历无数挑战。所有孩子迟早会暴露一些问题，比如不听话，变得很沮丧，等等。有经验的父母会对一些父母会心一笑，因为后者惊讶于自己的孩子 1 岁半就开始对有些事情说“不”了。这会让有些父母感到困惑和不安。但是，父母不必担心，因为孩子应该逐渐学会做自己。身为父母的责任是，要在孩子各个成长阶段给予安全感。

从一件事切换到另一件事是孩子最有可能出现问题的时候，比如上床睡觉、刷牙、吃饭、去上学时。孩子讨厌变化，而父母也很难每天抽出 15 分钟来帮孩子顺利过渡。然而，父母必须尽可能让孩子步入正轨。

在本章中，我将介绍如何面对调皮的孩子，父母有哪些工具可以使用，以及为什么应该抛弃那些过时的养育方法。我将手把手教你如何做，而你也需要这样的指导，因为这也是孩子最需要你的时候。

“她迟早会长记性的！”

在我的一次讲座中，有位父亲显然有点不高兴，因为我让父母在任何情况下都要保持冷静并有耐心，可能是我说得过于轻松，以至于很困难的事情听起来很简单。这位父亲最后站了起来，说他有一个 5 岁的女儿，每当他们要出门时，女儿总会制造麻烦。有一次，他把她外套的扣子扣错了，她就怒火中烧，在地板上一边打滚一边号啕大哭。最终，他不得不把她拖上车。“人们很容易告诉你应该保持耐心，但在现实生活中很难做到这一点。她迟早会长记性的！”说完，他就坐下了。不得不说，我十分理解他这种挫败感，所有父母都能从他的故事中看到自己的影子。但事实上，当他女儿准备好时，她确实会长记性的。在此期间，保持冷静是父母的责任。父母要明白一个 5 岁孩子对这个世界的认知与大人是完全不同的，扣错扣子对她来说可能就是件天大的事。在出门之前，父母要允许她花几分钟发泄一下，这样整个家庭才不会带着一肚子怨气出门。这件事做起来不容易，也不总是有效，但值得尝试一下，因为这是父母的责任。孩子确实会长记性，但这需要时间。

有效的养育

多年以来，我遇到很多父母持这种看法：所谓养育，就是当孩子出现问题时才去应对，也就是为了解决冲突而去设定一些边界或做些别的事情。如前所述，这是一种误解。

因为当孩子有了麻烦，或者危机出现了，且局面失控时再去应对，难度有多大呢？这是父母最不该教训孩子的时候，也是教训最没有效果的时候。

养育最好发生在孩子还没有麻烦的时候，也就是在日常生活中。当小危机来临时，父母要先冷静下来，而不是直接去教训或指导孩子。记住，杀鸡儆猴的养育方式是完全错误的，是一种无效的养育。当孩子把餐桌弄得一团糟时，父母对一个粗心大意的孩子大吼大叫是行不通的。相反，受到惊吓的孩子是学不进去知识的。从短期来看，你可以通过恐吓、威胁或惩罚来让孩子表现更好，但从长期来看，这会养出一个不信任你或没有安全感的孩子。这种养育方式的长期负面影响如此之大，根本不值得父母去争取短期的胜利。

我会在“第六步”详尽探讨惩罚孩子和设定边界的问题，

现在只想简单说一句，有效的养育只会发生在冷静和理解的前提下。养育孩子是一个持续 20 年的全天候项目，包括你与孩子说话的方式，你们一起做了些什么，以及你们在日常生活中的感受。因此，有必要分清楚当孩子有了麻烦时和一切正常时的不同应对之策。

先冷静下来

我第一次见到莎拉时，她只有 12 岁。她原本在学校的表现很好，但突然变得极具攻击性，对父母和同学感到愤怒。有一天，她走进我的办公室。因为她在体育课上对同学拳打脚踢，老师就抓住她，问她到底发生了什么，但她一声不吭。这让老师更加沮丧，情绪逐渐失控，威胁说要在课后让她留下来给同学赔礼道歉。但老师越威胁，她就越封闭自己，拒绝回应。

当莎拉对同学拳打脚踢时，这对她来说也是一次糟糕的经历。她也想跟其他孩子一样，能和别人打成一片，只是那个时候有一股无名火冒了上来。老师试图把她的愤怒遏制住，以为只有把她的情绪控制住，才能让她重回课堂。老师本可以深入了解莎拉的内心想法，而其他女同学也可以借此学习老师是如何解决这一冲突的。而且，当莎拉冷静下来后，老师可以跟她探讨以哪些方式对待同学是可接受的，而哪些方式是不可接受的。

在与莎拉交谈一阵后，我才知道她的沮丧感来自她得知最喜欢的老师去了另外一所学校。从某种程度上来说，她是害怕失去某些东西，害怕孤独。这种情况也会发生在大人身上。想想人们在人际关系中苦苦挣扎，往往就是因为害怕失去对方。我嫁给一个可爱的男人，无法想象失去他以后，我的生活会怎样。但是，每当我生出嫉妒的念头时，就会对他产生令人难以置信的愤怒。害怕失去他的感觉令我发狂。无论对孩子还是大人来说，被孤立都是最可怕的。

当孩子害怕被抛弃时，就会变得难以相处。所以，当事情变得越来越糟时，先冷静下来是很重要的。有时就像莎拉一样，恐惧是问题的根源。有时则可能是情绪爆发与行为反应的间隔时间太短了，孩子已经无法控制自己的情绪了。当某事发生时，如果你能准确把握孩子的体验，孩子就会觉得被人理解了。

退后一步

如果你对一个畏缩的孩子说“当他那样做时必须考虑后果”，只会适得其反，拉大你与孩子的距离。身为父母，你处理类似情况的最好方式就是想办法与孩子沟通。无论发生了什么，你要做的都是与孩子建立沟通的桥梁。

了解发生了什么以及孩子的感受，是如何对待孩子的关键。我的小儿子得了结肠炎，但我们有很长一段时间不了解这个情

当事情搞砸了，请你帮助孩子，不要谴责他们或抛弃他们。如果孩子告诉你遇到了麻烦，这时他们特别需要与你沟通。

况。现在我知道了，如果他吃了不该吃的东西，他的反应就像美国电影《无敌浩克》里的浩克一样，脸色会变得很难看，会很愤怒，没有同情心，注意力不集中。这是一件非常令人沮丧的事情，有时我也会生气，因为他的反应让我觉得自己是世界上最糟糕的母亲。但是，在这种情况下生气有用吗？我知道是无助感而不是他的行为让我生气。我知道他需要的不是一个爱生气的母亲，而是其他东西。当父母与孩子产生距离时，孩子就会感到孤独。一旦觉得自己被抛弃，任何人都会变得更糟，尤其是孩子。随着时间的推移，你越来越容易识别是什么引发孩子的愤怒、沮丧或悲伤的情绪。对年幼的孩子来说，原因通常很简单，可能只是因为累了或饿了。最终，你会对孩子的需求了如指掌。有时是特殊情况，比如孩子的听力有问题或身体过敏，有时则出于一些普通的原因，比如孩子累了或吃多了。

孩子情绪失控时的应对技巧

有一些技巧可以帮助愤怒、恐惧或沮丧的孩子恢复到比较好的状态。如果你能牢记孩子的心智发展在童年期是缓慢的、循序渐进的，就会更有耐心，并以更冷静的方式处理看似无望的事情。

当孩子的情绪即将爆发或者已经爆发时，你可以使用以下技巧：

1. 识别情绪。第一步是了解孩子的感受如何，是悲伤、愤怒、沮丧还是恐惧。

2. 思考原因。一旦你了解孩子现在是什么心情，就要注意所有感受背后都有原因。如果孩子真的很生气，必定事出有因。你的深思熟虑会引起孩子的注意，孩子会觉得你很在乎他的感受。

3. 理解孩子的心情，并向孩子证实。如果你说“你现在很生气，但我告诉过你不要生气，人们不喜欢生气的人”，那你就是在火上浇油，孩子只会更生气。但是，如果你说“哦，你生气了吗”，那你就是在帮助孩子。因为你这是在向孩子发出信号——“我理解你的心情，并且愿意帮助你”。当你帮助孩子理

想与孩子亲近，笑可能是一种最快捷的方式。如果你和孩子一起欢笑，就会相处融洽。这个方法很简单，却让人觉得温馨、兴奋和亲密。它给孩子一种美好的感觉，即亲密感和归属感。

解自己的感受时，孩子就更容易处理正在经历的一切，并防止情绪失控。理解情绪与接纳情绪并不是一回事。如果孩子对人施暴，那当然不行，但你要去了解原因，然后才能进一步帮助孩子。

4. 继续前行。让孩子走出困境很重要。不要让孩子陷入自怜中，要告诉他事情总有办法解决，负面情绪总会消散的，明天会更好。“你真的为这双鞋子生气吗？我明白了。不过，我们现在得去厨房切胡萝卜。”

三思而言

想与情绪激动的孩子交谈几乎是不可能的。所以，你应该等孩子不再生气或沮丧时再跟他交谈。这时，你可以坐在他旁边，说你很想知道你哪里做得不对让他如此生气，或者问他为什么突然变得如此沮丧。父母完全可以用冷静的方式告诉孩子：当他生气时，又吵又闹是无济于事的。让一个冷静下来的孩子接受你的帮助，比让一个处于愤怒中的孩子这样做容易得多。

当你与孩子谈论究竟发生了什么时，就是在教他感受自己的情绪，这样他以后就能做得更好。不过，有时也可以不做这种交谈。我知道这一点是因为我是心理学家，也是一个有点过于热情的母亲。如果你总是刨根问底，孩子迟早会厌烦的。有段时间，每次我想跟小儿子谈论发生了什么，他都会耸耸肩说：

“妈，我不想讨论这个话题。”他的确不想，我应该更谨慎一点，可能需要根据不同情况稍微改变一下问话方式。所以，父母还是应该与孩子沟通的，但不能不顾及孩子的感受。因为孩子长大了，更愿意沉浸在自己的世界里，也能更好地认识自己了，就不太愿意与父母有更多的沟通。从某种角度来说，这未尝不是件好事。

我经常告诉父母们，能与父母谈论发生了什么的孩子，渐渐会懂得如何更好地处理负面情绪。但父母不要忘了，孩子通常不会长时间谈论自己的困境。刚开始，每次交谈差不多 30 秒就够了，甚至两三句话就能解决问题。

顺其自然

在我家，孩子们喜欢摇晃椅子。出于某种原因，他们的做法一直让我很恼火，我总会忍不住花很多时间去阻止。他们会把自己的食物弄得一团糟，不清理餐桌上的垃圾，还会在椅子上晃来晃去——哦，不行，这是我不允许的！是的，我知道应该去关注一些更重要的事情，而不是去管这些琐碎的事情。我想说的是，不要凡事都与孩子针锋相对，不要让家长的权威太过强势，不要让问题成为家庭的焦点，要学会顺其自然。不要试图改变一切，但你可以选择一些简单的事情进行干预。比如，如果你不能接受孩子在椅子上晃来晃去，在浴室里玩水龙头，或者在室内穿鞋，那你可以干预。最重要的是，你不要设定完美的规则，而要考虑整个家庭的和谐，因为良好的家庭关系非常重要。当然，这并不是说家里总得保持和谐的氛围，你也不应努力去实现这个目标，我只是希望借此提醒所有父母要注意家庭关系的重要性。

每天在家里与孩子相处，你应该营造一些美好的时光。那可以是给孩子讲故事或者读点什么，也可以是一个眼神接触，一起开怀大笑，一起度过亲密的时光。那不必是什么大事，但你必须有所行动。所以，你要为此创造条件，不要让累人的、烦人的事情占据了你们的注意力。所有父母都会为孩子做的某些事情感到沮丧，有时甚至想对他们发火。但父母也会发现，即使孩子不再做你不想让他们做的某些事情，也会做一些让你看不惯的事情。这就是孩子的天性。

我知道自己几乎不可能阻止孩子在椅子上晃来晃去，也知道在他们离开家以前要为此唠叨无数次，但那是我的问题，毕竟那是我的选择。我只是希望这件事不会让我们任何一个人疲惫不堪。

创造日常奇迹

通常，日常生活不会遇到什么大问题。所谓常态，就是一切风平浪静。即使是我去过的那些所谓混乱的家庭，也有很长一段时间完全没问题。在我的成长过程中，我家有时也会遇到惊涛骇浪，但很多时候，大家在一起玩得很开心。我想说的是，尽管你可能觉得生活一团糟，但事实并非总是如此。

正是那些没有混乱和冲突的时候，你应该准备好去发现岁月静好之美。那正是你可以创造小小奇迹的时候。

当你这样做时，就是在教孩子如何生活。

和孩子一起玩

我小时候练过小提琴，我有个儿子现在也在练。尽管我在管弦乐队工作过很多年，演奏技巧比儿子好一点，但他比我更擅长合奏。偶尔，我们会在一些重要时刻为亲朋好友合奏一曲。

如果你演奏过弦乐器，就知道找准音调有多难。为了做到这一点，手指必须放在琴弦的正确位置上，而想与另一个人合奏，要求就更高了。双方必须互相倾听，找准节奏和音调，才能达到曲调和谐的效果。

这一点同样适用于人们之间的情感互动。人们必须了解自己和他人的感受，才能相互适应。双方都要对自己的感受负责，而生活在一起更像是二重奏，需要互相配合得很好，才能演奏出美妙的乐章。孩子与父母之间的互动就非常清晰地体现了这一点。父母必须努力与孩子保持步调一致，尝试了解正在发生的事情，一起营造良好的家庭氛围。

演奏弦乐器有一个规则是：当你演奏小提琴时，如果手指一直按住四根弦中的某根弦不放，你的二重奏搭档就得调整自己的音准。

这一点也适用于父母发现孩子有了强烈的情绪，比如恐惧、愤怒、快乐或爱时。当孩子感受到强烈的情绪时，父母应该调整自己并帮助孩子。因

为当强烈的情绪袭来时，孩子通常不知所措，需要大人来帮他更好地应对。

在父母与孩子的日常互动中，双方都可以适当做一些小的调整。然而，一旦涉及某种强烈的情绪，父母不应期待孩子做出调整，而且必须确保事态不会变得更糟。父母的调节能力应该比孩子强。

寻求与孩子步调一致，是你每天都要做的事情。比如，每天吃完晚饭，当孩子上床后，你要知道何时离开孩子的房间是合适的。就连最优秀的音乐家们在一起演奏时，刚开始也需要很努力地磨合，花时间专心练习才能找准调子。然而，一旦合奏成功，那将美妙无比。

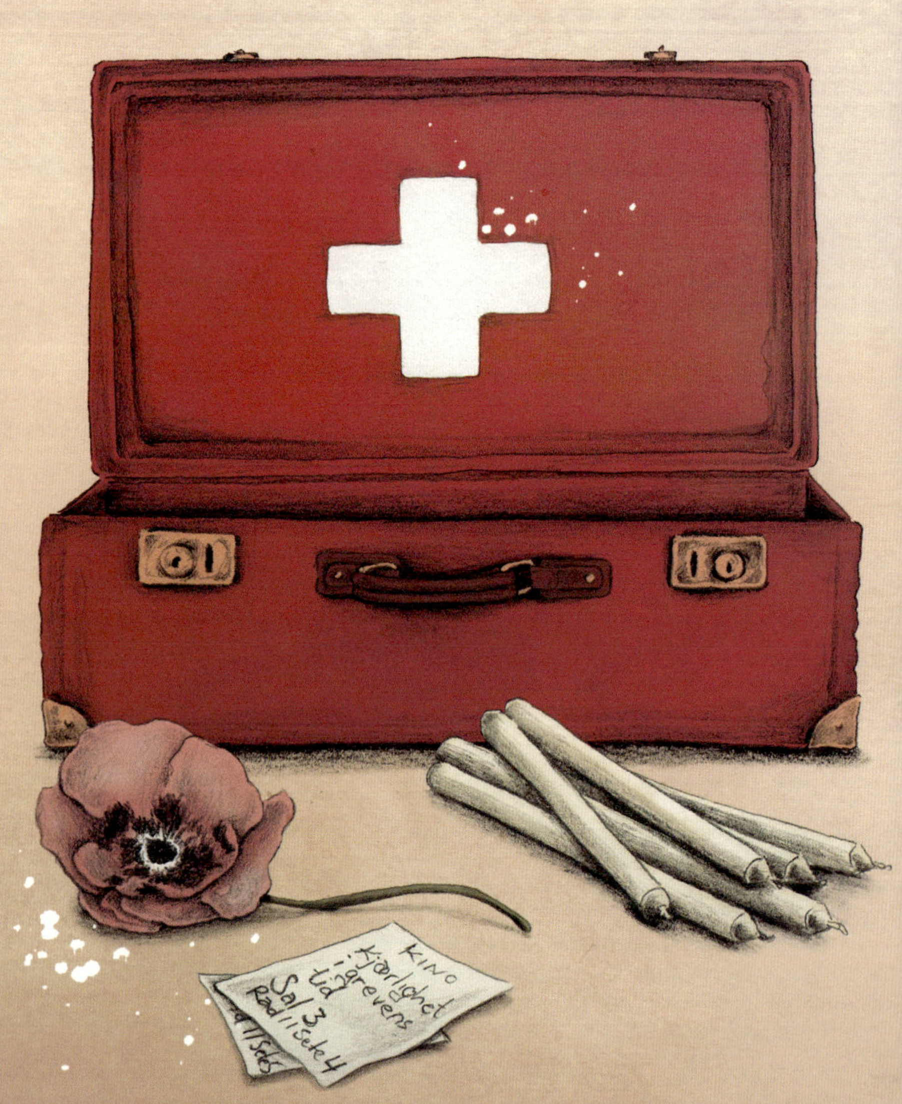
KINO
Kjærlighet
i grevens
tid
Sal 3
Rad 11 Sete 4
11 Sete 5

5

第五步

拯救伴侣关系和你的家庭

大多数夫妇会发现，孩子很考验夫妻关系。你曾是伴侣眼里唯一的爱，现在却多了一个身份，为人父母了。你是谁？你与伴侣平时是以什么方式交流和做事的？这些问题会被放大，尤其当你的日常生活中包含给孩子换尿布、哄孩子睡觉、陪孩子运动、辅导孩子作业等，你将以全新的眼光看待伴侣。但是，如果你能把这一切都处理得很好，你的生活就会安然祥和。正如你所知，人生并不会因为家里多了一个孩子就完蛋了，孩子的出现只是稍微改变了你的家庭结构。

但是，无论你的家庭有着怎样的人员构成，家庭生活是否和谐很大程度上取决于夫妻之间的交流方式，以及彼此的关心与照顾。

家里大人维持良好的关系，对孩子来说如金子般珍贵。孩子通过这个学会什么是爱以及如何成为团体的一员。孩子会明白“团体大于个人”的道理。

这些年来，我在办公室接待过很多夫妇。我总是告诉他们，可以做很多小事来经营或改善他们的关系。在本章中，我将告诉你怎么做。

有了孩子，你的生活就完蛋了吗？

很多人认为，有了孩子就意味着“我”和“我们”世界的结束，想不起来去电影院，想不起来和朋友一起喝啤酒，想不起来和伴侣一起做运动或共进晚餐。总之，家庭生活都得围着孩子转了。孩子奇迹般地来到家里，突然间，所有人的焦点都集中在他身上。人们开始把自己的需求放一边，完全根据孩子的需求来安排日常生活和假期。这是最容易做到的事情，也会带来最少的冲突。然而，这只在短期内有效。从长远来看，这种策略是有缺陷的。

孩子需要看到大人能分散一下注意力，在他面前谈论自己关心的话题，兄弟姐妹能得到安慰，不速之客能得到关照。孩子需要看到大人能照顾好自己并满足自身的需求。孩子需要与团体建立联系，成为团体的一员，而不是“宇宙的中心”。这会让孩子更有安全感，也更体贴，学会与他人打交道。简而言之，这会让孩子做好进入社会的准备，明白每个人只是其中一员。

我想给父母一个最简单也是最重要的建议：要与伴侣维系爱情。尽管有了孩子以后，家庭生活会发生很大变化，但夫妻之间的浪漫并不会因此告吹，夫妻各自的需求也不会因此消失。所以，除了做午餐便当、给孩子换尿布、开车接送孩子外，你还要珍惜属于夫妻二人的时光。你们可以一起散步、看电影，或者雇保姆。无论家庭成员多寡，你都要充分借助外力。你可以让最亲近的人来帮助你们，使之成为你们日常生活中的一部分。孩子需要了解各种各样的人，并看到解决问题有很多种方式，而与不止一两个大人打交道会使之受益。

和大人一样，孩子也很享受独处的时光。给予孩子独处的空间，让他做自己喜欢的事情，会使他逐渐具备自立能力。在出生后的头几年，孩子可能想和喜欢的保姆睡在一起，但随着年龄的增长，会想单独行事和花更多时间独处。一个参加过夏令营的 8 岁孩子会觉得自己更有能力融入这个世界。通过向孩子表明即使没有父母，他也可以自己搞定很多事情，还有很多大人会关心和帮助他，你就是在赋予他独立感。但这个过程要循序渐进，从小事做起。

我同样相信，孩子看到父母关系融洽，对成长是很有好处的。孩子需要知道什么是爱，而爱体现在所有浪漫的行为和关系中。

所以，你需要让家庭生活保持平衡，多想想与孩子、与伴侣在一起各多长时间。制定一个目标，为所有家庭成员安排好日常生活和假期生活，不要总是围着那个又哭又闹的小家伙转。

重新认识彼此

有了孩子还意味着，你将以新的方式与伴侣相处。你们会突然在对方身上看到更多的才能，尽管你们的才能各不相同。一旦有了孩子，你对伴侣会有更深入的了解，你们的对话会涉及你是如何学会骑车的，你第一次抽烟是在什么时候，你在童年做过最浪漫的事情是什么，等等。无论事情大小，这都会加深你对伴侣的了解。

也许你还会突然理解自己的父母，意识到他们在你的成长过程中给你留下很美好、很珍贵的回忆，尽管他们也做过很多让你不舒服的事情。所有人都会因为孩子的出生而重新看待很多人和事，你大可相信伴侣也和你一样，会重新看待你以及其他人和事。

换句话说，为人父母是夫妻关系的新起点。你可能仍然非常爱伴侣，这当然很棒，但你们的夫妻关系难免会遇到新挑战：你们可能都有不良生活习惯；你会抱怨有了孩子以后，属于自己的时间变少了；你们会吵架，也许还会戳到对方的痛处，无论是无心之过还是有意为之。这些争吵有时候很伤人，甚至会导致夫妻矛盾不可调和。我就听到很多夫妻控诉过类似的问题，他们为了对待孩子的方式而争吵，比如孩子是否应该自己睡，应该与孩子保持多亲密的关系，应该教孩子什么东西。有些争吵是为了鸡毛蒜皮的小事，却因为牵扯到人内心深处的东西，可能会迅速升级。

当你很疲惫时，就很容易忘记伴侣付出的一切。夫妻应该花些时间来解决日常生活中的小矛盾。有些事情值得时不时争论一下，一旦争端解决了，就不会再对你们的关系造成威胁。相反，有些夫妻沉默不语。即使是最美丽的爱情，也会在沉默中凋零。

当我坐在办公室里写这本书时，不禁想起一对来这里咨询过好几年的夫妇。他们都受过良好的教育，也很有吸引力，我知道他们为什么会成为夫妻。不过，他们其实是完全不同的人：妻子非常注重规则和秩序，而丈夫的成长环境让他觉得应该给予孩子自由和玩耍的时间。他们在这一教育理念上分歧很大，很难说服对方，又都不愿妥协。他们很难明白，孩子其实能从这两种不同的教育理念中受益。孩子既需要母亲的谆谆教诲，也需要父亲的情感支持。遗憾的是，这对夫妇没能意识到他们是一个珠联璧合的优秀团队。我希望有一天能让他们明白这一点。他们需要看到对方的长处，重新认识彼此。大多数人都有盲区，而形成原因各不相同。与其对抗，不如想想如何优势互补。这种父母比那种一个模子刻出来的父母好得多。有一点也很重要，那就是不要忽视对方。

挑战一定会有的，但你能处理好的话，回报也是惊人的。当家庭非常和睦时，孩子就会有一个很好的成长环境，并学到什么是希望和乐观。

看到父母生活美满，孩子也会想成为那样的人。你和伴侣绝对有理由过上幸福的生活，因为这意味着你们正在给孩子所需的东西。

建立良好关系的要诀

很多上楼来我办公室的夫妻跟我说，他们需要得到帮助，以便更好地交流。其实，他们的交流方式通常没什么问题，问题在于他们已经放弃交流了，也许是因为害怕伤害对方，也许是因为无法理解对方，也许只是觉得没时间交流。无论是哪种情况，他们都应该经常交流。咨询结束后，他们满意而归，而实际上我什么都没教他们，只是告诉他们在我这里可以无话不谈，并给对方充足的时间来说出想说的话。

咨询结束后，我有时会从抽屉拿出一张小清单给他们，目的是让他们不要忘记能从交流中获得哪些益处。绵长的爱有很多共同点，都与如何对待彼此有关。也许以下要点能给你一些启发：

1. 处理好意外情况。恩爱夫妻也会面临挑战，比如知道对方过去的某个秘密，身患某种疾病，或者面临财务问题。也许你已经历过这样的危机，请尽量去理解对方，并在可能的情况下原谅对方。你可以回想或写下自己经历过的某个危机，看看它是如何影响你们关系的。

2. 留出互相交流的时间，现在就这样做，不要等以后再说。一段关系破裂了，往往并非一时冲动做出的决定，而是长期积累的结果。你应该从现在就开始经营亲密关系，不要等到你做完某项重要的工作时、孩子年龄更大时或贷款还清时。当一段关系经历长期的痛苦，再想挽救就太迟了。你可以试着与伴侣分享一件你今天经历的有意义的事情，最好是简单的事情。

3. 原谅你能原谅的。在一段感情中，互相伤害几乎是不可避免的。当伤害发生了，宽恕是需要时间的。通常，人们会经历以下四个阶段：

一是承认发生了什么，不要否认；

二是做出决定，准备如何原谅伴侣或求得伴侣的原谅；

三是表示理解，并告诉伴侣引发伤害的原因。记住，理解是通往宽恕的第一步；

四是回顾，试着总结你和伴侣从这件事中学到了什么。请回顾一件你原谅伴侣或伴侣原谅你的事，想想当时你们是怎么走出困境的。

4. 独自做些事情。伴侣无法满足你所有的需求和愿望，他或她并不是故意的。优势互补是建立良好关系的因素之一。与其对伴侣不满或放弃自己的兴趣爱好，不如想想你错过了什么（比如去剧院看戏，划船，玩扑克），然后找朋友一起去做这些你有幸与一个很棒的伴侣生儿育女吗？如果有的话，请用双手牢牢抓住他或她！通过在孩子面前展示一段融洽的关系，你正在教孩子一些关于爱与忠诚的美妙知识。

事情。

5. 心存感恩。感恩让真爱永存！想想你欣赏伴侣做的事情，可以从大事（比如她尽心尽力地照顾家人）到小事（比如他晚上给孩子盖好被子）列一张小清单。下次，当伴侣做了其中某件事时，你就给他或她一个灿烂的笑容，表明你对他或她所做的事是多么感激。

“为什么你总是生气？”

我和丈夫的成长环境截然不同。一般而言，这是一种很大的优势，因为我们更容易发现对方的优点。然而，如果双方的观念差异太大，也容易发生矛盾。儿子刚满 2 岁就学会说“不”，会在各种场合说“不”，这令我丈夫气得想撞墙。你应该明白，一旦孩子学会说“不”，就会为此感到兴奋，因为这意味着他可以为自己及其行为做决定了。我试图告诉丈夫不要因此对孩子生气，这个阶段终究会过去，但他没把我的话当回事。随着时间的推移，我丈夫的行为越来越像3岁孩子。一天晚上，我听见父子俩在卫生间说要轮流刷牙，儿子动作稍微慢了点，我丈夫就生气了。儿子问：“为什么你总是生气？”丈夫说：“这就是你对我的看法？”儿子说是的，他甚至想过离开这个家。我听到他们的对话，但没吭声。

那天晚上，丈夫对我说：“我想我已经伤到儿子了。”我对他说，如果儿子能把这种感受表达出来，那还不算真正的伤害，但倾听他的感受是很有必要的。此后，丈夫真的学会倾听儿子的感受，他们的矛盾也就越来越少了。

教育孩子需要耐心，你的努力一不小心就会被其他事情抵消。比如，身为妻子，我看到丈夫与孩子发生这种矛盾时，会觉得有些无助。然而，要是我做出不必要的干预，又很容易让事态变得更糟。

遇到这种情况，以下做法是非常有益的：时不时帮助伴侣从不同角度看问题；与伴侣探讨对小孩应该有怎样的期望；分析成年人为什么会被激怒以及这种怒气来自哪里。如果你们能在对方心中播下小小的种子，让对方以不同的方式看问题，就会变得更强大，也更容易理解和帮助孩子。

父母一方无法左右另一方应该是什么样子。母亲并不总是对的，父亲也是如此，只有互相倾听、互相理解、共渡难关，才能营造一个温馨的家。

不合适就分手

很多人与伴侣生儿育女了，最终却发现另一半并不是自己的真爱。如果两个人不合适，不能继续过下去，就不得不做出一个艰难的决定。

如果两个人已经有了孩子，结束婚姻对每位家庭成员来说都是一个重大的决定。

然而，一个氛围良好的家庭，哪怕规模变小了，对孩子来说也好过那种父母感情不和的家庭。如果现在的伴侣是你想长相厮守的人，如果你能看到前方还有更值得你们期待的事情，如果修复关系仍有希望，那你就努力经营这段关系吧。如果一切都无法挽回，你现在想开始新的生活，那你仍需努力与伴侣保持友谊。哪怕家庭破裂了，你们这种关系仍能给孩子安全感。

不断为孩子加油

孩子需要表扬，这是一个简单的生活常识。如果孩子想做成看似不可能的事情，就要敢于尝试，屡战屡败，屡败屡战。为了让孩子敢于去尝试，奖励是父母唯一能用的工具。惩罚和纠错虽然在一定程度上也能起作用，但前提是必须使用得当。你要知道，奖励总是比惩罚有效。

我相信在任何情况下，在应有的基础上多给予 25% 的表扬会更好，没人会觉得这种表扬太夸张了。然而，如果你不是真心想表扬孩子，年龄大些的孩子是能看出来的。自从孩子上学后，你就要花心思去系统化学习如何表扬孩子，对何时何地表扬孩子要更加小心，让孩子相信你说的话。而在孩子 6 岁前，你只需陪伴在他身边并给予积极关注，就能收获颇丰。

在表扬孩子之前，你必须放下手机或电脑，认真地看孩子做了什么。当然，你不一定总能看到孩子做了什么。当孩子做成某事而你没在现场时，你还是可以给予鼓励的。不过，你应尽量关注孩子，每天至少给予一次有意义的表扬。有些表扬的方式更有效，而最好的方式就是让孩子在心里建立安全感并养成乐观的态度。我认为，只需记住下面几个简单的技巧，你就能在这方面做得很好。

1. 善于发现孩子做得好的事情，并告诉孩子。永远不要赞美孩子没做好的事情，而要鼓励孩子去做看起来做得到并能激发潜能的事情。低龄儿童只需父母给予微笑，或者说出如下肯定的话："真棒，你能自己穿外套了！"如果孩子扣错扣子了，你可以不管它，或者小心翼翼地帮他扣好，不要大惊小怪。

当孩子画了一幅画或做了一件东西时，你要让他知道你注意到了，并真心实意地为他感到高兴。你要避免用"好"或"聪明"这类词来评价孩子的行为，因为孩子想得到的是关注而不是评判。长期以来，积极关注是一种最重要的表扬方式。当孩子学会游泳、骑车、演奏乐器或其他技能时，你应该热情洋溢地对他做得很好的方面或掌握得很好的技术给予具体的反馈。至于那些没能做得很好的事情，你要么冷静而谨慎地告诉孩子应该怎么做，要么先什么都别说。当孩子学习任何技能时，大人要做的一项最重要的工作就是对这项技能表现出热情，并给予孩子指导，使之取得进步。

2. 间接表扬总是最有效的表扬方式。"哇，你是怎么做到的？"对孩子的行为感到好奇和惊喜是一种聪明的做法，可以让孩子乐于告诉你发生了什么。当孩子上了几年学以后，最有效的表扬就是让他谈论自

己做得好的地方，而不是父母的评论。

3. 当你发现孩子进步了，一定要指出来："看看发生了什么！"

4. 当孩子需要鼓励时，请为他点燃希望之灯。在某些阶段，孩子的进步会比较慢，需要你鼓励他再试一次，比如再读一遍文章、再踢一次球、再骑一次车……

5. 发现孩子的优点。如果你看到孩子在某方面做得很好，往往就会发现他擅长什么。这些优点能帮助孩子取得更大的进步。你不要紧盯着孩子的缺点不放。如果你老是关注孩子的缺点，就很难发现他的优点。

第六步

设定边界

孩子的日常生活都是有边界的，而我们通常不会注意到这一点。长期以来，你都是那个决定孩子吃什么、何时睡觉、去哪里上学、如何坐安全座椅的人。孩子需要帮助才能知道什么是对的、什么是错的。孩子需要你为他们营造一个良好的生活环境。当事情的进展不如预期时，你要让边界足够灵活，并进行修正。

当孩子没按你的期望做时，你很容易感到绝望或害怕。我从事家庭治疗工作已经 20 年了，还没遇到从未严厉批评或粗暴对待过孩子的父母，虽然他们后来为此自责过。当然，我也不例外。

对很多人来说，设定边界是件很困难的事。有些父母不知道该于何时以何种方式对孩子说“不”，有些父母不确定自己是否过于频繁地说“不”，有些父母则想知道自己说“不”的次数是否太少了。那么，父母如何把握发火的尺度呢？

孩子需要看到自己的行为与后果之间的联系，而你如何呈现这一点将影响你与孩子一生的关系。我相信设定边界的黄金准则是，不诉诸暴力，或不冒犯尊严，就让孩子明白边界在哪里。

那些害怕设定边界的父母，会让边界变得模糊，最终让孩子占了上风。这些父母失败了，而那些对孩子过于严厉和粗暴的父母也是如此。因此，我将帮助你找到一个对你和孩子都有益的平衡点。

父母发火的尺度在哪里？

父母发火的尺度在哪里？这是很多父母经常问我的问题。我通常会说，当你使用了不必要的暴力——无论是语言暴力还是肢体暴力——你就生气过头了。当你大吼大叫以至于伤害了孩子时，当你牢牢抓住孩子以至于让他感到害怕时，或者当你允许自己下重手打孩子时，你就越界了。通常，父母对孩子的惩罚力度比自己认为的大得多。有些父母对孩子很严厉、很烦躁并大吼大叫，甚至到了可怕的地步，这无益于孩子健康成长。当父母为了一点小事而惩罚孩子时，通常与孩子的行为本身并没有多大关系，只是为了占上风。没错，你就是那个做了蠢事的人。

经常使用暴力会让亲子关系紧张，最终导致关系破裂。所以，你有责任避免这种情况的发生。你与孩子的关系要好到这种程度：每当孩子有事时会来找你，因为他信任你。

糟糕的父母会在越界后对自己说“我那样做绝对有必要”或“这是孩子必须付出的代价”，而优质父母会认为“这不好，我要确保下次不再发生这样的事”。

所有父母都希望孩子在遇到不开心的事时能来找他们。你希望孩子在事情不对劲时能告诉你，希望孩子敢于说“不”，而这些愿望只有在孩子认为你能给他安全感、不对他评头论足时才能实现。身为父母，你最重要的任务就是持续与孩子交流，并保持良好的关系。那些害怕让父母失望、对自己没信心、恪守行为准则的孩子，遇到困难时往往不会寻求父母的帮助。

我接待过很多孩子，他们坐在沙发上告诉我，他们完全无法与父母沟通。他们最常说的是：“父母完全不理解我。”有太多孩子认为父母不理解他们。

现在，你知道对孩子发火的尺度了吗？好吧，也许你就是忍不住要发火，但你千万别把孩子吓跑了，也不要破坏你们的关系。

养成观察并确认孩子感受的习惯，会让你明白说什么话、做什么事会吓着孩子。孩子会给你提供线索，让你了解他们的感受。难就难在，很多父母认为自己不需要从孩子身上寻找答案。如果你留心观察孩子的反应，就知道发火的尺度在哪里。

当孩子感到害怕时，有些孩子的反应会很奇怪。我有个儿子害怕时会发笑。我知道这一点是因为我非常了解他。好吧，了解他的反应也是我作为母亲的职责，正如所有父母都有责任了解自己的孩子那样。我曾在办公室接待过一群 10 岁孩子，他们被认为对人缺乏尊重：当老师批评他们时，他们会咧嘴笑；当父母对他们发火时，他们不予理睬。在大人看来，这些孩子好像完全不明白这个问题的严重性。但事实上，这些孩子的内心惊恐万分。也许他们只是想挽回点面子，或者想表达自己的感受。不管怎么样，孩子需要大人理解他们，跟上他们的步伐，并据此调整对待他们的方式。

责骂受惊的孩子无济于事

当人类陷入可怕的境地时，天生会做出情绪反应，而不是理性思考。这就是人们害怕时会逃跑，而不是考虑发生了什么的原因所在。在这种情况下，人们无法思考，脑子一片空白。这种本能反应在孩子身上表现得更为明显。当孩子感到害怕时，会完全听不进去任何人说的话。此时，万事皆空，唯有情绪。这也是此时责骂孩子无济于事的原因所在——孩子关闭了理性思维，只剩下一种情绪，即恐惧。

做到始终如一很重要吗？

我有几次遇到一些父母，他们以“做到始终如一很重要”

为由，对孩子的反应有点粗暴。他们认为，如果孩子做了 A，他们必须用 B 来回应，这就像解数学方程式一样，是孩子的一种学习方式。于是，他们可能会越来越强调设定边界的重要性，完全不看效果如何。只要设定了边界，孩子就不敢越雷池一步，他们就可以高枕无忧了。

孩子每次做了父母认为错误的事情时会遭到同样的惩罚，我不认为这是健康的养育方式。更重要的是，父母要向孩子表明你理解他，能够根据他的感受来调整对待他的方式。这绝不意味着父母允许孩子为所欲为。手握缰绳是父母的责任，但父母不要为了惩罚而惩罚，应该静观事态发展。当父母谈论他们必须始终如一即“如果 A，那么 B”的情况时，在我看来，他们只是在为自己过度惩罚孩子辩护。

我认为应该换一种方式来做到始终如一。比如，看到孩子第 N 次把食物撒了，你不要发火，应该平静地说道：“哦，你弄撒了吗，我的宝贝？我们来把它擦干净吧。”这才是父母应该努力的方向。

父母什么时候应该说“不”？

孩子需要行为边界。作为成年人，你的责任之一就是对孩子说“不”，而且你可以决定什么时候说“不”。孩子完全依赖于你的决定，因为他们还没有能力评估行为的后果。对一个试图进入泳池深水区的 3 岁孩子，父母一定要说“不”。对一个想独自去小屋旅行的十几岁男孩，父母一定要说“不”。孩子想做的事情太危险了，有时你唯一的选择只能是说“不”。

我注意到，当我越累的时候，就越懒得说“不”。有些父母说“不”，则是因为不想让孩子占用太多时间。这两种做法都是错误的，父母需要在二者之间找到平衡点。

如果你过于频繁地说“不”，孩子就会很被动，缺乏独立性，或者完全不听你的话，因为你滥用权威。你要知道，经常说“不”和经常说“行”一样有害。如果你想让说“不”这个方法在育儿过程中很好地发挥作用，那你就要掌握说“不”的技巧，并与孩子保持对话。那些行为经常受到父母约束的孩子，会在其他场合不听父母的话。如果他们知道父母一定会说“不”，无论遇到什么问题，都不会费心地向父母寻求指导。

相反，如果你说“不”的次数太少，孩子可能会觉得孤独，没能得到父母足够的监督。这种散养方式可能会让孩子具备更多的能力，但他们不知道如何用好这些能力。

当你说“不”时，应该意识到这是一个对孩子有着特殊意义的词。孩子也需要学会使用这个词，而你正是教他的那个人。所以，当孩子的做法不可接受或不被允许时，你不要犹豫，要坚决说“不”。这就是父母说“不”的原则。你要立场坚定，不要在意孩子的抱怨、争辩或不满，他们的情绪迟早会缓和下来的。你也可以说：“我们已经在这个问题上讨论太长时间了。”

如何说“不”？

- 当你真的想说“不”时，一定要说“不”。
- 以最温和的语气说“不”。
- 根据孩子的年龄来跟他解释你为什么说“不”。
- 向孩子表明你理解他的失望。
- 允许孩子表达消极情绪，但不要让这种情绪持续太长时间。
- 学会适时终止讨论。
- 不要使用肢体暴力。
- 不要使用语言暴力。

终止讨论，让孩子不再纠缠，这也是你的责任。但你千万不要忘了，你是在对这个世界上最喜欢你的人说“不”，而他会为此深感失望。所以，你要告诉孩子，你理解他的感受，但你必须阻止他的行为。

另一个要记住的原则是，你要尽量用最温和的方式对孩子说“不”。有时，你只需提供一个新点子：“等到周六再吃那些薄荷糖不是更好吗？”如果你想表达得更清晰，那么，当你说“不”时可以说得更坚定些，但不要提高嗓门或增加肢体语言。表达“不”的最强烈的方式就是直接用肢体阻止孩子的行为。如果孩子即将穿过车水马龙的公路，那你绝对有必要马上拽住他。不过，最强烈的表达方式只适用于特殊情况，也只能在绝对有必要的情况下使用。

当你对孩子说“不”时，理智与情感要交替使用。对不到18个月大的孩子，你不必在意设定边界的问题，只需用心呵护他，给予他尽可能多的爱、安全感和理解。但在那之后，情况会变得有些复杂。孩子年龄越大，你就越需要运用自己的智慧，说“不”的次数会增加，方式也变得更为重要。但是，同样重要的是，你要始终不忘初心。

惩罚有效吗？

经过几十年的研究，我可以负责任地说，惩罚作为一种养育方式是无效的。相反，惩罚还是高自尊的头号敌人，它相当于在孩子自尊的地基上打了一个洞。然而，父母很容易忘记自己的权力有多大，孩子多么容易受到惊吓，以及受到惩罚的经历有多么恐怖——无论是遭受语言暴力还是肢体暴力皆如此。

而且，惩罚会带来不良后果。惩罚通常会改变孩子的短期行为，而代价是孩子会感到害怕或孤独。很多父母曾把孩子关在“小黑屋”里，或者使劲抓住他们，冲他们发火，甚至打耳光。这些做法似乎见效了，孩子的行为看起来变好了。但是，如果你认为这是一种高明、有效的养育方式，那你就是在自欺欺人。从长远来看，这种方式极具破坏性。

如果你经常惩罚孩子，当他们进入社会、独立生活后，问题就会逐渐显现。那些遭受过父母惩罚的孩子，会缺乏安全感，也很难自我认同，难以在成年后获得成功，而且往往将这个世界视为危险之地。惩罚会造成可怕的后果，但人们很难立刻看到这一点。

惩罚只会破坏你和孩子的关系，撕裂你们之间珍贵的情感纽带。

孩子渴望与人合作

有个老朋友非常熟悉我的育儿理念。有一天，她跟我抱怨处于青春期的女儿性情暴躁，破坏了家里的气氛。她说："你肯定同意这会造成不良后果，也会对家里其他孩子造成影响。我应该让女儿为自己的所作所为负责吗？"

我回答道："一个情绪波动很大的青少年很清楚自己是非理性的，也许你女儿不该因此受到惩罚，你应该找机会与她沟通。"于是，我让朋友去跟女儿谈心，了解到底发生了什么，女儿为什么会有这些情绪，怎样才能帮她改善情绪。与此同时，其他家庭成员也应尽量学会与青春期孩子相处。我告诉朋友："最重要的是，你不要与女儿断绝交流。你不要朝女儿大吼大叫，因为有些情绪是她无法控制的。你一定要让头脑冷静下来，保持冷静，维系好你和女儿的关系。"

几年前，我在一所中学谈论这个话题时，有位父亲问我是不是认为应该一直由大人去适应孩子。他的问题反映出人们多么容易忘记孩子实际上一直在适应这个社会。孩子要适应兄弟姐妹、朋友、保姆和父母，因为他们想和别人相处融洽，想要一个良好的氛围，希望每个人都很快乐。通常，父母很容易觉得自己是那个做出牺牲、迁就孩子的人，但事实并非如此。当孩子无法与人合作时，就需要大人帮助他们解决这个问题。一旦孩子陷入困境，大人的职责就是帮助他们找到出路，因为孩子很难单靠自己解决问题。当然，3 岁孩子与 13 岁孩子遇到的问题完全不同，但所有年龄段的孩子都会面临挑战，需要得到大人的理解和帮助。

当我在中学对父母们说出这番话时，那位父亲有些无奈地问我："但是，是否可以在某个年龄段要求孩子明辨是非呢？"我知道他为什么要问这个问题，也理解其背后隐含的挫败感，但我的答案很简单：孩子会逐渐变得聪明起来，能看到自己的行为与他人的反应之间的联系。你可以想想大人犯错的频率。我们对孩子的要求太高，甚至比对成人朋友的要求还高。当孩子能自己穿衣服了，你就应该让他自己穿。当孩子有了时间观念，你就不要再提醒他应该准时出门了。持续观察孩子的成长情况，并相应调整你的期望值。不过，你也要预料孩子仍会犯错。每个人都会犯错，孩子更是如此。

学会管理情绪是父母最难做到的事情，尤其是处理愤怒情绪需要很长时间，贯穿孩子的整个成长过程。

对孩子来说，最糟糕的事情莫过于父母期待他们做到还没有能力做到的事情。比如，父母希望一个 10 岁孩子在一切进展不顺时不要生气，或者希望一个平衡能力不足的 2 岁孩子能自己穿靴子。孩子当然也希望把事情做好，但他们还不具备相应的能力，暂时做不到。

父母总是需要步调一致吗？

很多人认为父母应该在育儿理念上达成一致，拧成一股绳。当然，孩子能从父母关系融洽、恩爱、沟通顺畅中受益，但这并不意味着父母必须在孩子面前表现得像统一战线一样。父亲和母亲都是独立的个体，让孩子看到父母各自的差异也是有益的。对孩子来说，最重要的是明白大人具有辨识度，这能给他们安全感。孩子需要知道“那是妈妈”“那是爸爸”，即使爸妈存在分歧，只要他们做到互相尊重、互相信任，仍能相处融洽。

作为夫妻，想要达到这种平衡并非易事，但作为父母，总是步调一致也是有问题的。我和丈夫就经常各有各的烦恼：当他对孩子发火时，我会觉得无法接受；当我没有支持他对待孩子的方式时，他也会感到郁闷。“我同意你的态度，”我会说，“但我不同意你的处理方式。”很多夫妻会带着类似的问题来向我咨询。好像夫妻互相伤害、生气，良好的关系就会破裂似的。

很多人会觉得，当伴侣凌驾于你之上强行干预孩子的行为是很愚蠢的，会破坏夫妻关系，尤其是当着孩子的面这样做时。但事实上，我们都需要有人看到自己的盲区，然后告诉我们："我觉得事态有些失控了，你去喝杯咖啡吧，我来解决。"这有点像接力赛，当你筋疲力尽时，应该让队友接过你的接力棒。但是，如果伴侣反应过度，你一定要纠正他或她。你的伴侣会从中受益，最重要的是，你的孩子也会受益。

没有理由表明父母必须所有事情都达成一致。如果真的出现那种情况，你们就不可能有进步了，因为你们没有机会从不同的角度看问题。而且，孩子看你们就像一堵密不透风的墙，而不是真实鲜活的人。

我认为，支持父母步调一致的育儿观已困扰孩子和父母几十年了。所以，不要试图建立你认为孩子需要的父母统一战线。相反，父母应该经常交流如何更好地养育孩子，知道对方的立场，并努力像一个团队一样优势互补。在家庭生活中，应该允许成员开诚布公，承认每个人都有弱点，母亲会犯错，父亲也会犯错。孩子不需要父母在每件事情上都步调一致，而是需要父母恩爱并爱他。父母难免有分歧，犯错时应向对方道歉，并努力摸索更好的养育方法。父母也是凡人，只要尽力而为就好了。

事实上，父母能从育儿过程中学到很多东西。

空洞的威胁

不久前，我看到一位母亲带着两个女儿在泳池里嬉戏打闹。可能是玩一天累了，这位母亲想让女儿们离开泳池，于是就做了很多父母也会做的事，威胁道："孩子们，别再闹了！如果你们继续闹，就得滚出泳池了！"其实，她本可以选择另一种方式来处理这件事："孩子们，我们现在去吃点东西吧。谁会是第一个去洗澡的人呢？"

母亲想实现的目标是让女儿们离开泳池，可她采用威胁的方式，无意中是在变相惩罚孩子。诉诸威胁让她错失一些更好的处理方式。很多父母将威胁作为一种育儿手段，对孩子说："如果你再吵闹，就……""如果你不吃东西，就……"然而，威胁孩子是一种糟糕的沟通方式。

如果你带着一个蹒跚学步的孩子坐在咖啡馆里，可小家伙不耐烦了，坐不住了，你不会荒唐地跟他说："如果你再这样，我们就离开这里！"年幼的孩子无法控制自己的行为，无论发生了什么，你直接带着他离开就是了。你还可以做得更好，跟孩子说："宝贝，我看你累了，我想我们应该早点走吧。"

威胁孩子通常会让你处于糟糕的两难境地，要么执行命令，要么威胁根本不起作用。这两种情况都不利于你与孩子的关系。

罗伯特有一个 15 岁的女儿。有一天，女儿醉醺醺地回家，罗伯特就警告她这样做会有不良后果。女儿用有点挑衅的语气说："好吧，后果是什么？"他不知道怎么回答，就来问我。膝下有青春期孩子的父母，往往想知道孩子的行为有什么后果。比如，禁闭是父母常用的惩罚手段。但是，把孩子关在屋子里能达到什么目的呢？孩子没能通过这种方式得到任何教导，这只会破坏你与孩子的关系，在你们之间竖起一道无形的墙。当罗伯特告诉我，他需要帮助，以找到正确对待女儿喝酒的方式时，我就让他思考女儿喝酒这件事已经造成什么后果。也许他根本不需要惩罚女儿，只需让她看到喝酒的后果。如果喝酒的后果仅仅是被禁闭，孩子以后还会喝的，毕竟待在自己的房间里没什么可怕的。但是，如果父母能与女儿沟通，说她喝醉酒令你们多么担心，而这次喝酒没发生什么严重的后果，你们为她感到多么庆幸。父母也可以利用这个机会与孩子谈论避孕的重要性，以及如何选择性伴侣和性爱时机。这样，孩子就能学到一些东西，也会反思自己的行为，并感受到父母的关爱。你

你永远不要嘲笑孩子！羞耻是一种强有力的情绪，会使孩子远离你。你也不应该要求孩子压抑自己的情绪。当你要求孩子别哭时，会破坏你与孩子的关系。任何情绪都可以有，没有哪一种应该被禁止，只不过有些情绪需要加以控制罢了。

要知道，在现实生活中，禁闭或其他惩罚方式并不能让孩子吸取教训。

即使孩子的成长阶段变了，行为也发生了变化，但原则仍是一样的。假如你有一个年纪尚小的孩子，他把食物弄到衣服上了，你说“好吧，你以后再也不能吃甜点了”，这起不到任何作用。弄脏衣服与能不能吃甜点没有任何关系。相反，你要试着冷静地给孩子换件衣服，并告诉他，把食物弄到身上会让父母花些时间来帮他换衣服和洗衣服。你无须责备或羞辱孩子，只需向孩子说明他这个行为会让你额外付出多少精力。

我让罗伯特找女儿谈话，内容不是关于惩罚，而是关于后果，告诉她当他听到她喝醉酒时感到害怕的原因。

这招确实管用，罗伯特很惊讶，而我一点也不惊讶。

勇于道歉

人其实很容易犯错。和其他父母一样，我也会有情绪失控的时候，也会为此后悔和自责。当我很疲倦时，就容易突然情绪失控。你也会出现类似的情况。没关系，这很正常，没有哪个父母是完美的。当你做出过激反应，说了让你后悔的话，或做了让你后悔的事时，最重要的是如何补救。

最糟糕的补救方式是在孩子面前自我辩护：“你必须明白这一点……”但事实上，孩子不必明白任何东西，你才是那个越界的人。如果你把责任推给孩子（“正因为你做了那件事，我才生气的”），那就无法修复你们的关系。而且，孩子会感到内疚，而你也容易重蹈覆辙，最终导致孩子失去安全感。

所以，与其找借口，不如感谢你现在有一个宝贵的机会来教孩子如何解决问题。如果你选择采取补救措施，以此表明事情还有转圜余地，并保证不再犯同样的错误，那就是在教孩子困难是可以解决的。“对不起，我不该那样对你。我当时太累了，并非故意冲你发火。我争取下次不再那样做。”然后，你就努力兑现自己的承诺，不断改进。

如果你的道歉是发自内心的，那就是在教孩子一个道理：犯错并不可怕，感到后悔也是正常的，而你还有机会补救，就看你愿不愿意承认错误了。

犯错后采取补救措施是人们必须学会的最重要的事情之一，而道歉是关键的一步。

“指责”与“指导”的区别

所有父母都希望自己的孩子表现优异，举止得体，讨人喜欢。这就是孩子做错事时父母会感到沮丧的原因。所以，问题就变成了：父母该如何处理自己的不满情绪呢，是指责孩子还是指导孩子？如果父母设法与孩子交谈，使他变得更明智，知道哪些事可为、哪些事不可为，那就是在指导孩子。相反，如果父母只是一味指责孩子，而不提供任何有用的解决办法，就不能为孩子今后的生活带来任何助益。父母的指导可以教孩子怎么做，而指责只会让孩子产生羞耻感，并认为自己不够优秀，从而削弱自信。如果你给予的是指导，孩子就会受到鼓舞而去改变自己，并敢于尝试新鲜事物。

当你给予反馈时，要留意孩子的反应。很快地，你就能看出你实际上是在指责孩子还是在指导孩子。如果你是在指责，就会发现自己与孩子的交流出现障碍，孩子不会回答你的问题，或者不再与你对话。这时，最好的做法就是停止谈话，直到你足够冷静，可以为孩子提供指导了，再回到对话中。当对话变味时，人们很容易情绪失控，并转为更加严厉的指责。这样做会毁掉你与孩子重新沟通的机会，哪怕你后来冷静下来了，也有了说服孩子的好理由。此外，你还毁掉

自己作为导师的身份。

你应该尽量指导孩子，而不是指责孩子。后者只是逞一时之快，而前者在当前乃至未来都能帮到你的孩子。

如何说“不”的阶段性指导

通过设定边界，你还能帮助孩子建立自己的边界。世上不是什么事情都能做的，为了照顾好自己，孩子必须学会设定边界。不过，边界是在你与孩子交流和对话的过程中建立的。当然，那也与孩子的年龄和成熟度有关。

即使在你认为很难对孩子说“不”时，你也不能打孩子，不能把孩子推到墙角，或者说一些羞辱孩子的话。作为一个成年人，你必须立场坚定，在不冒犯孩子的前提下对他说“不”。不过，有时你得学会退让，而不是让事态升级。偶尔的让步不会有任何问题，因为你总有新的机会去重建边界。

0～18个月

我宁愿冒着一定的风险也要告诉你：在孩子不到18个月大时，你没必要对他说“不”。当然，如果孩子把手伸进壁炉，你必须说“不”。时刻盯着孩子，确保他安全，这是你的职责。但在这个阶段为孩子设定边界是没用的，“不”这个词现在一点都不重要。安慰孩子，耐心对待孩子，与孩子亲密接触，让孩子坐在你腿上，这些行为对这个阶段的孩子来说更重要。

18 个月～3 岁

判断孩子所处的情况，如果有必要，你可以简要说明你为何说“不”。你要通过自己的行为和言语向孩子表明边界在哪里，因为这个阶段的孩子会开始模仿你的言行。你可以教孩子一些最基本的规则，比如走到人行道的尽头和公路边时要停下脚步，与家里的大人一起通过。在这个阶段，你仍需对孩子的安全负责。当孩子想要某些你不想给的东西（比如糖或巧克力）时，你可以用一些简单的命令，比如说“不，我们今天不会买那些东西”，然后用其他事物来转移孩子的注意力。

3～7岁

在这个阶段，你要坚定地对孩子说“不”，并给出更详尽的解释。这通常是很有必要的。你要准备好应对那些固执的孩子，他们似乎不打算放弃自己的想法。但你一定要记住，你是大人，你才是那个做决定的人。试着解释你为何说“不”，但你也要明白，最重要的是坚定地说“不”，只是你的嗓门不要太大，以免使孩子受到惊吓。然后，你应该帮助孩子，让他的情绪冷静下来，并把注意力转移到其他事物上。这通常需要你明白当孩子听到“不”时有多么沮丧，但你也要知道，情绪总会消散的。

7～13 岁

在这个阶段，有些孩子很有主见，而有些孩子还需要父母告诉他们做什么。有些孩子很怕犯错，有些孩子则全然不顾后果。在这个阶段，你开始能看出孩子具有怎样的个性。无论如何，所有孩子都喜欢与人合作，都想得到认可。在这个阶段，父母最常犯的错误不是说“不”的方式，而是不知道孩子想要什么，也不知道是什么原因造成这种情况。父母要与孩子谈论发生了什么，了解他们想要什么，并让他们明白决定是怎么做出来的。在这个阶段，你应该与孩子交流后才说“不”，不要单方面发号施令。你仍然对孩子的成长负有主要责任，但你现在需要学会与孩子协商。

13～17 岁

这个阶段设定的大多数边界与孩子的安全有关。从很多方面来说，此时父母就像又有了一个小孩，只不过那是一个爱顶嘴的家伙。青春期孩子叛逆是必然的。他们发现自己爱跟人唱反调，相信与父母意见相左的东西。他们需要跟人讨论，需要知道父母爱他们，需要学会表达自己的观点和亮明自己的边界。他们还需要知道什么行为是恰当的，比如在家能做什么、不能做什么。不过，父母设定边界时要有主见，不要被“别人都可以这样做”所迷惑，应该由自己来决定自家的边界。

兄弟姐妹永远相亲相爱是好事吗？

兄弟姐妹有时相亲相爱，有时又相争相斗，不过，大多数时候都能和平共处。无论孩子们现在关系如何，你都必须忍受。

有时，兄弟姐妹发生争吵是件好事。他们能从中发现谁对谁享有权利或负有义务，谁在智力和体力方面比其他人强。如果成年人总是干预孩子们的冲突，实际上会把解决问题的时间拖得更长。

兄弟姐妹之间的嫉妒心会使年龄较大的孩子变得情绪化、行为粗鲁。在那个年纪，孩子还不太清楚自己的优势，也不知道粗暴对待弟弟妹妹的后果。但是，如果你最小的孩子还不满 3 岁，你首先要确保年龄较大的孩子不会伤害他。不过，一旦孩子的年龄再大些，大多数父母会后退一步，观察孩子之间的矛盾。父母要确保不让一个孩子控制其他孩子的言行，要让每个孩子都有发表看法的机会。孩子们争吵本身不是问题，如果它打扰到你了，你可以离开现场，去做其他事情。但是，如果孩子们来寻求帮助，你应该做好准备。与我们想象的不同，争吵是建立亲密关系的前提。通过解决冲突，兄弟姐妹会加深对彼此的了解。你还可以借此让孩子们明白，看法有分歧并不是世界末日，人们争吵后仍能做朋友。这一点既适用于孩子，也适用于成年人。当成年人或孩子解决过分歧后，才懂得如何处理冲突。

孩子们发生争吵时，父母应牢记的规则

- 当孩子们年龄都比较大时，你要后退一步，让他们自己去解决冲突。不要孩子一出现分歧，你就加以干预。
- 告诉孩子如何解决冲突，但不要替他们解决。你要学会说："发生了什么事？你俩都想要那支水枪吗？好吧，你们准备如何解决？"你不要急于给他们提供解决方案。
- 争吵后，如果有人想得到安慰，你应该安慰他。但你不要责备孩子，或者跟他说与哥哥或姐姐争吵是他的错。
- 不要偏心，比如总是维护最小的孩子，指责最大的孩子没能承担老大的责任，因为你并不清楚很多争吵的原因。
- 如果一个孩子对另一个孩子做了完全不可接受的事情，那你一定要干预，对他说"不"。你不要允许兄弟姐妹之间用侮辱性的称谓来称呼彼此。而且，你要知道兄弟姐妹之间很容易做出互相伤害的事情。
- 想想成年人是如何解决分歧的，以及你是如何与孩子沟通的。孩子能从你的做法中学到什么？
- 确保你离开房间时，孩子们已经相处融洽。孩子们在一起能做些什么？他们是如何相处的？找一些所有孩子都能参与的活动，并为他们提供场地。
- 时不时与每个孩子单独相处，以减少他们的嫉妒心。孩子需要觉得自己是最特别的那个。当孩子们拥有这种独特感时，发生争吵的情况就会减少。

7

第七步

改变你自己

被擦伤、抓伤和撞伤是生活的一部分，当人们成年后，似乎所有或大或小的背叛和经历过的挫折都会在身上留下印记，很容易形成刻板的行为模式。即使你很熟悉这些行为模式，认为它们再正常不过了，也应该知道它们并不是最好的方式。

当你有了孩子以后，孩子会对你提出全新的要求，可能是你从小到大未曾经历过的事情。你会在养育孩子的过程中遇见另一个自己，而你也许并不喜欢那个自己：在应该给予孩子安慰时，也许你却很生气；在应该更坚定地干预孩子的行为时，也许你却犹豫了。几乎没人拥有完美的成长环境，但这并不意味着你应该照搬母亲或父亲的养育方式，也不意味着你的孩子应该像你一样从小缺乏安全感，或像你一样让小时候受到的伤害伴随一生。

我深信你能自我塑造父母的角色。为了成为你想成为的那种父母，你必须做一件事——花时间了解你的自发反应或者

“自动驾驶模式”。你必须敢于审视自己的成长经历，以及为什么你会在某些情境下做出那样的反应。

下面我将帮助你从外部审视自己。如果你有勇气这样做，育儿经历会以你想象不到的方式改变你的生活。它会让你更成熟，更善于反思，只要你敢诚实地面对自己。

寥寥数语就能改变一切

我记得某个夏日，五六岁的我坐在小公寓的客厅里，一个中年维修工正在修理水槽。我是一个外向的女孩，很清楚表现自己的机会来了，眼前就有一个新观众。于是，我决定大声朗读已会写的单词以取悦他。我读了一长串单词，而那个维修工一边趴在水槽下工作，一边朝我微笑。我们正在聊天，相处得很愉快，至少我是这么认为的。事后，哥哥冷冷地告诉我，那个维修工很可能只是假装对我感兴趣。哥哥说：“没人在意你会写些什么，你明白吗？”他的话深深刺痛了我。我本来为自己能博得大人欢心而高兴，此时却如堕深渊，觉得自己愚不可及，感到很受伤。羞耻感使我满脸通红，也让我变得沉默寡言。在接下来的几年里，我只活在自己的世界里。

很多年以后，当我已为人母，有个儿子在我家附近的疗养院外招待一群老人时，所有人都很享受，只有我除外。我被某种情绪击垮了，觉得自己不属于那个场合。我站在那里感到羞耻。

这个场景使我花了很长时间认真审视自己的感受，努力探寻这种羞耻感的来源。最终我意识到，根源就是 20 世纪 70 年代那个维修工造访我家的经历。那天我听到的寥寥数语，可能别人早已不放在心上，却已深入我的骨髓，让我的世界变得灰暗。如今我站在那里看着儿子，仍会受到这种羞耻感的影响。这一发现也让我意识到，作为一个母亲，我非常担心孩子太把自己当回事。我不喜欢孩子们太吵，也不喜欢他们自我意识太强。我时不时还能感受到儿时的羞耻感。

承认这一点并不愉快。当我们养育孩子时，童年体验过的情绪和可怕的经历会时不时浮现，让我们做出一些太仓促、太激烈或太情绪化的反应，而有些事情本来可以更从容地应对。我们很容易被强烈的情绪控制，但当我们养育孩子时，就不能继续成为它的奴隶。

你想成为什么样的父母？

当你意识到自己越来越像父亲或母亲，即那种你不希望遇到的父母时，你会怎么做？无论好坏，父母都是你最直接的榜样，他们给你详细示范了如何为人父母。你的成长经历已教会你很多关于一个家庭应该是什么样子的知识。对有些人来说，那唤起了对健康家庭或多或少温暖的、安全的联想；而对有些人来说，那却是一扇通往失败和痛苦的记忆之门。我碰到很多来自

学会识别自己的消极情绪模式并妥善处理，不要进入“自动驾驶模式”。

问题家庭的成年人，他们的父母无法照顾孩子的情绪，他们从小就不得不小心应对父母的愤怒、依赖或悲伤。长大后，有些人可能会延续旧有的模式；有些人则会产生补偿心理，想为孩子做到尽善尽美，为孩子打点好一切，以至于过度保护孩子，或者当事情不尽如人意时太过沮丧；还有一些人则试图让孩子远离悲伤，为此拼命保持良好的幽默感，让孩子在成长过程中不知悲伤为何物。

人们有很多本能反应，一旦情绪爆发，就有可能进入“自动驾驶模式”，而这种自发反应会妨碍你成为你想成为的那种父母。所以，学会以一种最有利于孩子成长的方式来管理自己的情绪，你将受益匪浅。

第一步是要意识到正在发生不太对劲的事情，就像我看到儿子站在长椅上给老人们表演时，为他的自我卖弄感到羞耻后所做的那样。你要对自己说：“好吧，这就是我现在的感受。”然后，你要问自己：“这是我想成为的那种人吗？我的孩子也会有这种体验吗？我真的想把这种情绪传递给后代吗？”像这样的反思会使事情有所不同。“我怎么会有这种反应？在那种情况下，我本来可以做出什么不同的反应？”了解你的生活，了解你的过去，了解你的痛苦来自哪里，可以让你摆脱这种行为模式。当这种自发反应出现时，你要停下来问自己这是不是你想要的。如果你能找到自发反应的原因，下次就不太可能做出那样的反应了。是的，人们很容易说“我就是这样”，但若为人父母，就更有责任努力改变自己。

自我反思的好处是，能让你更清楚你是谁以及你想成为什么样的人。只要你敢于认真审视自己，生儿育女会让你变得更勇敢、更睿智，当然，也更快乐。

制订行动计划

有时，你会有以下经历：睡眠不足，错过吃饭时间，工作压力很大，与伴侣关系不和睦，或者过了糟糕的一天。生活总是起起伏伏，让我们无法永远以最佳状态与孩子相处。这些糟糕的状态越频繁地影响我们，我们就越有可能以“自动驾驶模式”对孩子做出回应。“自动驾驶模式”会以两种方式欺骗我们：

> 育儿过程中的一些自发反应可能对孩子毫无益处。通过了解这些反应的根源，你会做得更好。

第一，它让我们误以为自己的行为很明智，觉得自发反应是正常的，因为那是一种很自然的反应；第二，它让我们觉得很难改变自己的行为模式，比如对孩子大吼大叫，或者对本应加以干预的行为视而不见。

解决办法是什么呢？与孩子相处时，你应该在做出反应前冷静几秒钟，想想你应该如何回应孩子。你无须倒计时，只需深吸一口气，然后问自己："现在最明智的做法是什么？我应该采取哪种策略？"

孩子有时会无理取闹，会因为不喜欢你为他们挑选的衣服或食物而大发脾气。孩子有时会责骂你，说他们恨你。孩子有时会自我封闭，拒绝告诉你发生了什么事。这时，你的任务就是要制订一个计划。即使孩子的行为很正常，当父母的自我防御模式启动时，仍然会觉得孩子不服管教或令人烦躁。孩子的脆弱、依赖和无助，有时会让你产生负面反应。所以，你要先努力控制自己的冲动和情绪，以对孩子最好的方式做出回应。

不要回避创伤

在我的长期客户中，有一个名叫玛格丽特的老妇人。她身材矮小，留着一头灰色的卷发。与其他客户不同，当她走上楼梯时，我根本听不见她的脚步声。她仍然在为自己过去的做法感到愧疚，因为她没能在童年给予长子足够的陪伴。那个时候，她一直忙于事业，儿子不得不独自处理很多事情。即使过去几十年了，儿子现在过得很好，她还是很难原谅自己没能尽到一个母亲的责任。我们谈到她的父母时，她说她在一个沉默寡言、关系疏远的家庭里长大，孩子没有得到应有的重视，她很多时候不得不自力更生。这种事情往往会代代相传，时不时会死灰复燃。我承认我很佩服玛格丽特，因为她有勇气面对“我是谁”这个问题，也的确想与儿子改善关系。这提醒我：无论年纪多大，选择成为一个更好的人都为时不晚，朝向自我完善的大门永远不会关闭。

谈到缺点的传承时，有一个好消息是：所有父母——哪怕有过最糟糕经历的父母，都能从不堪的过往中走出来，并与自己的孩子建立良好的、健康的关系。也就是说，伤口是会愈合的。

还有一个事实是，那些我们不敢拿出来谈论的事情，如果只是被默默接受、悄悄埋葬或偷偷遗忘，就会伤害我们与周围人的关系。我们永远是原生家庭的一员，无法摆脱自己的根。世上不存在完美无瑕的养育，但这并不重要，我们只需比过去做得好一点就行了。我们必须有一个目标，那就是少把过去不好的经历传给下一代。

我接触过一些来自战区的家庭，很少有人能理解他们的故事。想把那些伤痛藏在心里很容易，但我一直希望这些父母能与孩子谈论他们来自哪里，一起面对家族的历史。这样，孩子能了解父母的出身，一旦意识到父母的创伤又在作祟时，就能提醒父母不要再那样做了。

伤口有大有小，每个家庭能做的就是从现在开始处理。

修复关系的关键是爱与反思

整理个人成长中的包袱，会让你对待孩子时变得更灵活、更开放。最重要的是，它能让你回到驾驶员的位置，取消“自动驾驶模式”，避免成为你不想成为的那种父母。这可能是你与孩子之间发生的最重要的变化。这有点像“飞行安全须知”视频所说的，你自己要先戴上氧气面罩，然后才能帮助别人。

尽管我小时候与周围人建立的是一种不安全的联结，但我现在不这样了。那是过去，现在不一样了。情况是可以改善的，而修复关系的关键是爱与反思。

一旦你了解自己，就能逐渐原谅自己。宽恕自己是爱的终极形式。

如果你能成为优质父母，也就能把自己成长过程中遭受过的很多伤痛处理好。

如果你能不断反思，就会成为一个更好的人。这是必然的！

如何改变你的“自动驾驶模式”？

大多数父母时而感到迷茫，时而觉得力不从心。有些父母还会受自发的情绪反应的摆布，而他们本来希望可以用不同的方式处理事情。有一些方法可以帮助父母解决自发的情绪反应问题，成为自己想成为的那种父母。逐渐了解自身情绪的根源，是你能为孩子做的最重要的事情之一。

1. 问自己有怎样的成长经历。想一想，迄今为止，你生命中发生过的最重要的事情是什么？无论好坏，哪些事情使你变成现在的样子？你最亲密的人是谁？在童年，你印象最深刻的人是谁？那时谁经常安慰你？把这些问题的答案用简短的语句写下来，并读出来。

2. 了解自己的安全感。审视一下你拥有的亲密关系——伴侣、家庭成员和最好的朋友，想想与某人在一起时拥有安全感是一种什么样的体验。当你与让你有安全感的人共度一段美好的时光，你有什么样的感觉？是的，你与这些人也会发生争执，他们有时也会让你失去安全感，但你要学会多去感受、思考和回忆那些让你觉得安全和美好的时刻。

3. 了解自己的情绪谱系。每天在手机或小本子上写下你的感受。你不用写太多，只需回答两个问题：“我现在是什么感受？这种感受来自哪里？”

刚开始有点难，但慢慢地，你要学会用更多词汇来记录更详细的背景。

4. 搞清楚前因后果。当你与孩子遇到问题，并意识到自己不是你想成为的那种父母时，你事后就把发生了什么记下来，包括你当时做了什么以及你本来应该怎么做。只要你相信自己可以采用不同的处理方式，终将会那样做。

5. 别让不良情绪蔓延。好吧，那顿饭吃得不像你预期的那么愉快，睡得也没你希望的那么香，本应该很棒的旅行却非常无聊并让人抱怨连天，这不一定是你的错，你也不一定能做得更好。所以，别让不良情绪影响你一整天的心情，要学会顺其自然。

“你不能那样做！”

在我的成长过程中，每当有什么事惹父母不高兴时，我就会听见他们惊呼道：“你不能那样做！”这是瑞典人的口头禅，至于那些规矩存在的理由，早已被抹得一干二净，变得无关紧要了。作为一个孩子，我总想知道父母是怎么知道别人的想法和做法的。在我看来，他们似乎是凭空捏造那些规矩的。

父母与孩子交流的方式很重要。当父母想要孩子改变行为时，与孩子面对面沟通是至关重要的。如果父母要求孩子做某事时，用第一人称“我”而不是“妈妈”，则孩子就容易理解多了。这个道理似乎显而易见，但人们有时候很容易脱口而出，用第三人称说出“爸爸不喜欢你做……”之类的话。使用这种语言是在利用父母的身份制定规则，会影响效果。如果父母坚持用第一人称来表达观点，孩子就更清楚自己哪里做错了以及为什么错了。例如，孩子制造令人心烦的噪声时，你要让他知道这种声音很可怕。这样，孩子就更容易理解为什么不该再制造噪声，或者应该去其他地方吵闹。

用第三人称沟通则不会产生上述效果，只会让孩子感到困惑。他们被要求服从某个权威，而且父母给出的理由似乎只是在应付了事。身为父母，

你通常希望使用第三人称来避免冲突，但遗憾的是，如果你经常使用第三人称，就会起到负面效果，并与孩子产生情感距离。所以，你要敢于做自己，学会说话时带有个人感受，避免使用上帝般的权威语气。有时，关于你制定的规则或做出的决定，你并不能给出一个很好的理由，这没多大关系。出现这种情况时，你可以诚实地告诉孩子，你确实不知道不能做这件事的理由，但你凭经验敢保证做这件事不会有好结果。在大多数情况下，孩子会接受你的解释。即使孩子不接受，你和他探讨的过程也是有益的。

孩子与社交媒体

关于手机成瘾

很多人见过类似这样的场景：孩子坐在椅子上目不转睛地盯着手机屏幕，母亲或父亲围着他转来转去，想阻止他继续看手机。“低头看手机”已成为我们这个时代的特征之一，但它也引发一些严重的问题。

孩子是在人际交往中成长的，尤其是低龄儿童非常需要眼神交流。孩子能看到大人的眼神、表情和反应才感到安全。换句话说，跟孩子在一起时，你应该把手机和笔记本电脑放在一边。如果你紧盯屏幕，孩子就会觉得非常孤独。一个2岁孩子和你一起看挖掘机时，与你在建筑工地用手机与他视频聊天时的感受是不同的：前者会让他开心、投入，后者虽然也能带来快乐，但也会让他感到孤独。正在荡秋千的孩子更希望有人与他一起荡，而不是只在一旁推秋千。

因此，我给父母的第一条建议是，当孩子在身边时，你要缩短使用手机的时间。在孩子的成长过程中（这个过程通常比你想象的快），你会发现很多时候你不得不限制他使用iPad或玩电子游戏。然而，如果你自己不能摆脱对手机的依赖，就不可能在孩子面前树立

威信，也就不可能限制他玩手机。所以，在你痴迷于玩手机之前，请尽快戒掉手机瘾吧！

当然，我们在生活中完全不用现代通信工具是不可能的。如今，孩子生活在一个需要用这些工具进行娱乐、接受教育、与人沟通的社会里。你和家人也应该学会使用这些工具。首先，也是最重要的一点，你必须对孩子有足够的了解。

你可以在社交媒体分享什么？

社交媒体通常可以为父母提供很多信息：当你经历了一个小小的奇迹，会很想与周围的人分享；当你遇到困难时，会很想知道别人是否也遇到类似的情况。不过，应该如何为个人隐私划条界线呢？当你想分享孩子生活中的美好时刻、秘密和喜悦时，哪些是可以分享的呢？

多萝西和儿子正在医院里。她儿子摔伤了胳膊，就在几个小时前还疼得死去活来，现在医生和护士已经给他搭了支架，正在给他抹石膏。多萝西长舒了一口气，为儿子感到骄傲，也为自己能处理好这件事而自豪。她给儿子打上石膏的胳膊拍了照，然后把照片发到脸书上，并写道：“正在医院里的斗士。现在一切都很好！”几分钟后，她与儿子一起坐出租车回家，在路上回复蜂拥而至的

评论。超过 120 个人点赞，还有很多人写了一些鼓励的话，她很感谢这些朋友的支持。她儿子则十分疲惫地躺在她的臂弯里，感到无比孤独。

社交媒体让我们有机会得到更多人的支持。不管怎么说，有人支持我们总是件好事。但问题是，支持我们的人通常离我们很远，也离我们身边的人很远，很多甚至是素未谋面的网友。从这个意义上来说，社交媒体将你关注的重心从你最应该亲近和关爱的人身上转移到熟人圈外。

只要你不把孩子生病时最痛苦、最沮丧的画面或没穿衣服的画面发到社交媒体上，那么，我觉得你使用手机的频率和时长才是最大的问题。把自己感到骄傲的图片发到社交媒体上没问题，或者说，问题不在于多萝西所分享的内容，而在于她把注意力从儿子身上转移到其他人身上，可此时儿子正处于痛苦中，需要她的安慰。

渴望通过互联网让外人看到和见证，这种刷存在感的方式通常会把我们的注意力从亟需关注的事物上转移到其他地方。

不该分享的内容

- 孩子正在表达强烈的情绪，比如悲伤、愤怒或沮丧时，你不要拍照，而要与他待在一起。
- 孩子正在做令人尴尬的事情。你觉得很可爱的事情，孩子长大后可能会觉得很难堪。
- 容易被误解的图片或带有性意味的图片。哪怕在你眼里，孩子的行为非常乖巧、幼稚，你也应意识到这些图片可能会被人误解或误用。

可以分享的内容

- 你和孩子共同参加的活动，或者共同劳动的成果。
- 你希望寻求他人的建议时，比如问“伦敦哪个地方适合跟孩子一起玩”。
- 当孩子睡着了，你可以与人分享对他的看法，尤其是对他的积极评价。
- 里程碑事件，比如孩子学会上厕所，第一次自己刷牙。但这些内容只能发给你最亲密的朋友和家人看，其他人不感兴趣。
- 记住，在社交媒体上进行分享是一种情感表达方式。你想与人分享，是因为你觉得很开心，而不是因为你很绝望。你分享的内容要真实，最好还能让家人参与互动。

关注青少年的上网行为

对那些年龄大一点的孩子，你很快就会注意到，他们在互联网上拥有另一个完整的个人世界。电子游戏和社交媒体不再是孩子一个人参与的活动。从小学开始，孩子就参与集体活动，并跟人讨论和分享。是的，大多数人会发与自己有关的图片，并像这个年纪的孩子通常会做的那样，行动并不总是经过深思熟虑的，行为也不总是好的。他们需要大人的指导，以免在网络世界里掉入最糟糕的陷阱。但父母也不要过分干预，应给他们留一些空间，允许他们时不时做一些“疯狂”的举动。

青少年有很多时间是在网络世界里度过的，父母知道这一点很重要，也必须对其上网行为感兴趣。你不要吓唬或责备孩子，而要创造机会与之对话，并对他们的网络生活感兴趣，以便必要时提供指导和帮助。你还要跟上科技发展的步伐，不然就会对正在发生的事情一无所知。下载孩子正在使用的应用软件，并亲自体验一下，你才能更好地理解孩子。

可以让孩子看多久屏幕？

很多父母提到一个问题：可以让孩子在家看多久屏幕？有些父母会严格限制时间，有些父母会完全禁止，有些父母则放任自流。

让孩子看太长时间屏幕显然会产生不良后果，主要是会导致久坐不动，身体得不到舒展，想象力也受到限制。另外，许多游戏富有创造力，有利于孩子把从中学到的东西应用到幼儿园以后的生活中。因此，会玩一些游戏有利于融入社会生活。大人也乐于看到孩子周日早上在玩耍，这样就有机会在家安静地享用咖啡了。

不过，孩子的情况有所不同：有些孩子会沉溺于游戏无法自拔，整天只想着玩，不想干别的，为此与父母发生冲突；有些孩子则喜欢干别的事情，甚至连想玩游戏的念头都没有。

身为父母，如果你过于严格，孩子就会对你能给予他们指导和帮助缺乏信心。不过，如果你过于宽松，孩子也得不到所需的指导和帮助。作为成年人，你是那个为孩子设定边界的人，要给他们解释为什么要那样做，还要考虑他们的感受。当孩子渐渐长大了，你可以与他们更深入地交流，并提供指导。最重要的是，你应该通过与孩子对话的方式来设定边界。你应该让孩子参与规则的制定，而不是照本宣科或者强行让他们遵守规则。今天的孩子不得不终生与数据和屏幕为伍，将来可能会生活在一个我们无法想象的世界里，所以需要找到一个两全其美的办法。

身为父母，你要做的最重要的事情是让孩子明白生活不仅仅是坐在屏幕前，还应该参加其他活动。你要教孩子一些东西，比如绘画，滑雪，演奏乐器，爬树，寻找通往山间小屋的路，扔飞盘，骑车到附近的面包店买新鲜的葡萄干面包。孩子需要自我感觉良好，并拓宽视野，从中学到更多东西。对今天的很多孩子来说，玩电子游戏已成为满足他们这种需求的方式之一。不过，父母应该给孩子提供更多活动空间。你要与年龄较大的孩子交流，让他们知道放松身心的方法不仅是玩电子游戏，还有其他活动。孩子上学后，你要跟他们解释看太长时间屏幕的危害：那会影响睡眠，并占据大脑太多空间，以至于其他事情似乎变得没那么重要了。你要告诉孩子，玩电子游戏和漫游数字世界固然很好，但也要把时间和精力花在其他事情上。

为孩子设定合理的边界是大人应尽的责任。父母要确保孩子有参加体育运动、睡觉、吃饭、读书、与人玩耍的时间。现在，我已经回答完“如何设定边界”这个问题了吧？好吧，最重要的不是给孩子规定玩多少小时或多少分钟的电子游戏，而是不要让这个问题成为家庭冲突的主要来源。设定边界时，父母要让孩子参与其中，明白为什么要这样做。

在决定电子产品应该在家里占据什么位置时，你可能需要考虑以下几点：

1. 什么时候玩电子游戏是合适的？找一个时间段，让孩子既能玩得开心，又不耽误参加其他活动。

2. 喜欢玩耍是孩子的天性，但总这样做对孩子不好。所以，不要给孩子可以随时使用互联网和电脑的机会。

3. 你要多安排适合孩子所处年龄段的有趣活动，分散孩子的注意力。

4. 限制你自己使用电子产品的时间。如果连你都沉溺于电脑和手机无法自拔，那你就不可能给孩子树立好榜样。

5. 了解孩子在玩什么，这样你就知道何时可以打断他们，而又不令他们扫兴。例如，很多游戏不好中途退出。你要制订计划，事先征得孩子同意，并表示理解。

6. 孩子不该总用电子游戏来打发无聊的时光或独处的时间，要明白玩游戏只是一项活动，而不是生活的全部。

7. 保证充足的睡眠，学会做饭和照顾自己，学会合理安排时间，这些都是父母应教会孩子的基本技能，而玩电脑和玩游戏应该排在其后。

8. 尽可能根据孩子的年龄

段来限定他玩什么游戏。有些游戏适合 10 岁孩子，有些游戏则适合 12 岁以上的孩子。即使孩子是在父母的陪伴下玩游戏的，父母也应让孩子只玩适合其年龄段的游戏。为此，父母应留意孩子下载和玩哪些游戏，并留心孩子的朋友在玩什么游戏。

技术是很迷人的，但也会带来问题。据我所知，最大的问题是它占用了亲子时光。父母很容易忘记要多与孩子相处。今天的父母应该花更多时间与孩子在一起，而把注意力放在孩子身上是第一步。合理使用社交媒体，这是与他人保持联系的工具。但是，父母应该把注意力更多地放在生活上，放在最亲密的关系上，放在孩子身上。

II

特殊情况

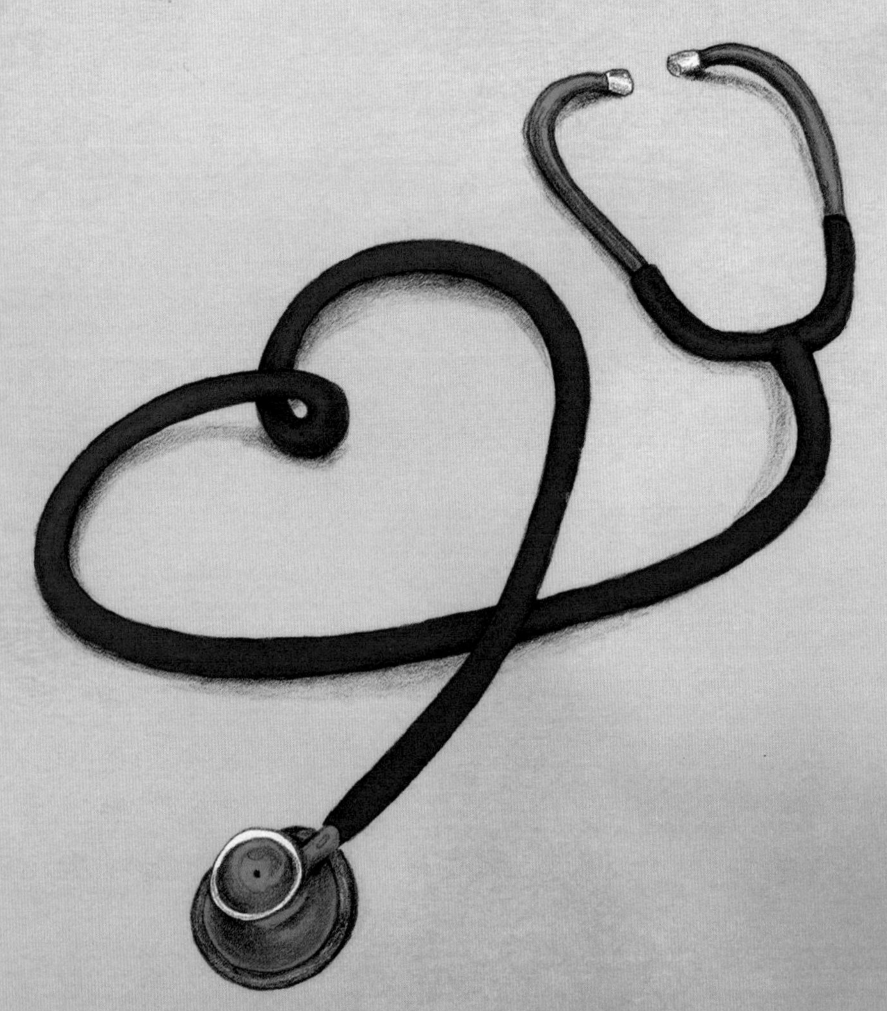

当人生痛击了你

我办公室的墙见证过很多父母愿意付出一切来让孩子感觉良好，过上尽可能好的生活。然而，现实并没有让他们如愿以偿，生活远没有想象中那么理想。

当我决定写这本书时，我知道必须对特殊儿童的父母们说些什么。我遇到一些父母，他们在产前就被超声波检查出胎儿有问题，他们的孩子注定与众不同。有些父母会接到老师的电话，得知他们的孩子在骚扰同学，学校已经拿他没办法了。有的孩子不管父母怎么哄都睡不着。有的孩子莫名其妙地躁动不安。有的孩子总爱跟人吵架或挑衅别人。有的孩子不想吃饭。对有些人来说，这只是暂时现象；而对有些人来说，则会持续一生。

有些孩子——无论出于何种原因——对父母的要求会更高。

遇到这种情况，你该怎么办？下面是一些注意事项和小提示。

无意义的建议

绝大多数人都喜欢自己看起来比实际好点。当然，父母也不例外。所以，你很容易听到有的父母说一切顺利，他们做的都是对的。他们会说“他学得真快”“她睡得真香”“他脾气很好”……事情很少像人们说的那么简单，人们总喜欢用滤光镜来看自己的生活，忘记与那些陷入困境的人换位思考。

向那些自诩生活很幸福的人寻求建议通常会让人更孤独，因为它强化了只有你在孤军奋战的感受。同样，向那些任何事都做得很“成功”的父母寻求建议也是没用的，也没有意义。正在克服各种困难的孩子与事事如意的孩子，其父母的心态和面对的情况截然不同，需要不同的策略、技巧和理解能力。

寻求帮助

为了满足孩子的特殊需求，解决他们的特殊问题，我真的遇到过无数挑战。我绝对称得上一位久经考验的母亲，因为我从事的职业要求我在常规的养育方法之外寻找新的解决之道。我还经历过离婚和家庭财务危机，并经受过一些让我内心更强大的考验，而这些经历可能会让我成为更优秀的父母。如今回首往事，我可以看清楚这一切，而当时只觉得自己的人生好像快要完蛋了。

在工作中，我非常理解这些经历，它们是父母遇到的非常重要的挑战，但也会教人们一些非常宝贵的知识——当你的经历与别人不同时，不要去做别人正在做的事，要找到适合自己的节奏和生活方式来面对困难。这些经历还让我明白，专家并不能像我希望的那样总能为父母们提供很多帮助。专家确实可以提供一些帮助，但想让父母们获得真正有用的帮助并非易事。

当我的长子 1 岁时，总是不能好好睡觉：他能按时睡觉，但睡不到一个小时就会醒来，然后大口吸气，好像室内缺少氧气似的。这种情况每晚都会发生。每个有过类似经历的父母都知道，只要这种情况持续一周，你白天根本不可能把工作干好。于是，我不得不带儿子去看医生。医生歪着头，同情地看着我，问我是否感到筋疲力尽。那是当然！然后，她建议我减少打扫房间的次数（我敢向你保证，我当时根本没想到医生会提出这种建议）；当孩子醒来后，先不要理他，看看情况再说（这种建议对我来说绝对办不到——你肯定会抱起一个呼吸困难的孩子吧）。那个时候，我没有精力去反驳医生，只觉得这些建议完全错误。我决定带儿子去看另一位医生。经全身检查后，这位医生的结论是：我儿子需要做一个扁桃体手术才能吸入更多氧气。两周后，儿子做了手术，从此睡眠就和其他孩子一样正常了。

当你疲于应对孩子遇到的困难时，几乎不可能分辨哪些建议是对的、哪些建议是错的。通常，儿科医生碰到焦虑的父母时，第一种说法就是“孩子自己会好起来的”。这大多数时候是对的，但并非总是如此。你需要多加留意孩子，当问题还是得不到解决时，务必重新寻求帮助。

我想说的是：你是孩子的帮助者和指导者，永远不要放弃这个角色。

寻求支持性服务

莱娜有一个 6 岁的女儿，刚上小学。母女俩都对上学抱有很高的期待，但几个月后就遇到困难，早上成了混乱不堪的时段，女儿哭闹不止，拒绝穿衣服或吃饭。送女儿去学校成了一件令莱娜心碎的事情，因为女儿一直哭个不停。老师说，一切都会过去的。但是，莱娜没有看到好转的迹象。无论她多早来接女儿，小家伙总是显得很疲惫，也很安静，毫无兴奋之情。

遵守班规对有些孩子来说是一项很大的挑战。此外，6 岁孩子会经历一个困难期，会遇到各种问题。无论是迟早会消失的过渡期问题，还是父母以前没注意到的孩子不良习惯，这些问题并不那么容易解决。我希望经历过这些困难的父母能从学校得到更多帮助。父母们应该主动寻求学校的支持，而学校也应该为父母们提供建议和其他帮助。遇到困难时，孩子和父母都需要得到支持，也的确存在这样的服务。你要有勇气向助人者表示你很困惑、迷茫和脆弱。在必要的情况下，你要果断行事。

在过去的半年里，有一对父母一直在寻求我的帮助。他们的孩子有睡眠问题，经常不停地哭，拒绝吃奶。他们完全没料到会出现这些问题。儿科医生说孩子没什么问题，让他们不要紧张。但在这种情况下，父母怎么可能不紧张呢？孩子睡得不踏实有很多原因，可能是因为父母对睡眠问题过于敏感而产生焦虑，也可能是由没有诊断出来的身体问题引起的。有些疾病会自愈，而父母的焦虑则需要时间来克服。但是，认定孩子肯定没问题会冒很大风险。如果孩子老是睡不好觉、发育迟缓，父母应该带他去看儿科医生。而教育方面的指导，可以帮助父母找到更好地应对孩子情绪的方法。

我会告诉每位正在应对困难的父母：一定要寻求支持和专家的建议，无论是给学校、幼儿园还是当地的专家打电话或写电子邮件都行，总之要寻求帮助。

来向我求助的那对父母的孩子，经全身检查后发现身体完全没问题。那对父母接下来要做的是，为孩子的日常生活制订作息时间表，包括孩子何时睡觉，夫妻何时可以有自己的空间、何时给孩子哺乳等。他们很快就发现，孩子的作息很不规律，而拥有固定的作息时间表可以让孩子拥有很强的安全感。以前，他们经常让孩子很晚才睡觉，而且每天上床的时间不固定，要取决于他们的作息安排。这种情况经常发生，因为晚上是他们夫妻待在一起最美妙的时光。通过改变作息不规律的现象，让父母与孩子的作息时间尽量保持一致，并让孩子早点上床，孩子很快就能睡得更踏实。由此可见，当孩子需要帮助时，如果父母能以正确的方式去做，整个家庭就能走出恶性循环。

释放悲伤

安妮特和埃里克夫妇年纪较大，他们满怀悲伤来我这里寻求帮助。一年前，安妮特生了一个期盼已久的孩子。在她怀孕期间，医生发现一个严重异常问题，那最终导致女儿早产。在女儿出生后的头几个月里，他们夫妇每天都处于“她能活下来吗”的焦虑中。后来，他们的女儿活了下来，但发育比较迟缓，和同龄人很不一样。尽管女儿一直在成长，但他们还是一直在担忧。他们来寻求我的帮助，是因为他们不知道如何带着愉悦和希望与女儿相处。他们为女儿焦虑了太长时间，已经深陷忧虑中无法自拔。

放下悲伤，让生活不再受其影响，说起来容易做起来难。悲伤不会同时或以同样的方式再次降临。处于困境中的父母很快就会发现，夫妻双方的应对方式不同，很难互相支持。有的人需要言语的安慰，有的人通过某种仪式来寻求抚慰，有的人则通过寻找人生的意义，用各种活动来充实生活，以逃避痛苦。不过，人们都需要一个能接纳内心的不安和悲伤的空间。为此，你可以寻求挚友、家庭治疗师或牧师的帮助。当你能倾吐自己的悲伤和忧虑时，就更容易接受正在经历同样事情的伴侣的处理方式，并为他或她分忧。

有时，怀有生活应该是什么样的想法会阻碍人们看到自己实际拥有的东西。我认识一位抚养一个残疾孩子的母亲，她说自己在女儿很小的时候就辞职了。她问我："我应该这样做吗？"她想知道自己是否为此很沮丧。我说，正相反，她向前迈出了一大步。她必须看清现实是什么样的，才能看到生活中美好的事物。女儿的语言能力比他们想象的发展得更好、更快。她跟我谈到女儿悦耳的笑声，女儿的梦想，还有他们一起玩的玩具。当她开始正视生活的本来面目时，生活就向她敞开了大门。

当问题出在父母身上时

有时，问题不是出在孩子身上，而是出在父母身上。原因是多种多样的，可能是财务状况不佳、工作出现问题、家庭冲突等。身为父母，如果你焦虑、抑郁、药物滥用或者身患重病，这意味着你能给予孩子的关怀就少了，而无法满足孩子的需求是非常令人沮丧的。如果你有幸生下一个孩子，其成长完全依赖于你的照顾和解决问题的能力。所以，你要与那些能提供帮助的人取得联系，比如财务咨询服务机构、医生、家庭社会工作者。如果你觉得自己无法照顾好孩子，可以向家人或儿童福利机构求助。有时，召集更多成年人来帮忙是很有必要的。当你肩负养育责任时，不主动出击，光等着别人来帮忙，那是不够的。你必须主动寻求支持。

为爱腾出空间

当一个孩子或大人需要花很多时间来解决个人问题时，想成为理想的兄弟姐妹或伴侣就没那么容易了。问题最严重的人得到最多关注，这是必然的。然而，身为父母，你也要照顾好其他孩子。此外，你也别忘了维系你和所爱之人的爱情。长期压力会侵蚀亲密关系，容易导致婚姻破裂，或让其他孩子觉得自己不重要和不被爱。家人一直保持亲密和团结并非易事。不过，举行一些小小的仪式，比如兄弟姐妹睡前在一起喝杯果汁或玩纸牌游戏，就能对他们的关系产生很大影响。如果你有好几个孩子，应该时不时与每个孩子（包括健康的孩子）单独相处。如果有人愿意提供实际的帮助，你应该接受。也许你和伴侣应该一起出去散散步、看电影、喝咖啡，或者在家睡个懒觉。这会带来很大不同。当生活面临挑战时，做好这些能把你们联结在一起的小事比你想象的重要得多。此外，无论是轻松的话题还是棘手的问题，夫妻一定要经常交流。这会占用一些时间和精力，但爱情需要对话的滋养，夫妻应尽量避免沉默不语。

孩子需要看到父母互相关心和交流，为他们树立好榜样。同样，孩子也需要被关心，需要与人交流。在艰难时刻，想维系平衡的家庭关系并不容易。不过，即使困难重重，一家人也要找机会多接触、多联系。

不管你是谁、生活境遇如何，在陪伴孩子成长的 20 年里都会遇到困难。悲伤、沮丧和愤怒是父母这个角色必须承受的一部分。但你要知道，孩子的成长不是线性的，这个星期看起来无法解决的问题，可能几个月后就迎刃而解了。有些问题确实会随着时间的推移自行消失，但有时孩子还是需要父母帮忙寻找解决之道，并在遇到困难时能被耐心对待。

当孩子不得不独自寻找解决之道时，父母就做错了。一旦孩子放任自流，危险就在眼前。

陪伴孩子最重要

有时，我会望着办公室书架上的书，它们对什么是好的育儿方法各抒己见。有成千上万的研究报告和分析文章告诉人们哪些育儿方法是有效的或无效的，我时不时会想象把它们搬到窗前，然后扔到街上，让有轨电车从上面驶过，并拉到附近去化为纸片，任其在风中飘逝。

当你沉浸于某事时，很容易忘记最重要的事情。我记得有位母亲告诉我，她女儿在学校受到其他女生的冷落。看到孩子陷入痛苦中，这是为人父母者最痛苦的事情之一。于是，这位母亲竭尽所能地帮女儿，比如去学校参加家长会，与其他父母交流，带女儿去保健中心，邀请其他女生一起聚会，试图让女儿重新被人接纳。

当女儿晚上睡着后，这位母亲会躺在沙发上暗自垂泪。很快，她的睡眠质量下降了。不过，她后来采纳了一个建议，一切就都改变了。有人建议她不要替女儿做那么多事，只需陪伴女儿就行。这意味着她只需做一些很简单的事，比如陪女儿看电影，每天晚上睡觉前抚摸女儿的后背。有人劝她放手，认真倾听女儿的心声，并表示理解女儿的感受，而不要说："那不行，我们必须解决这个问题！"如果她觉得有用的话，也可以继续替女儿做一些事情，但不要把女儿捎上。她唯一需要女儿参与的，就是母女之间保持真实而温暖的联结。

无论孩子面临什么情况，维系好亲子关系都是最重要的。这是你身为父母可以给予孩子的独一无二的支持，任何专家都无法取代。

我在本书开头就提到父母与孩子建立情感纽带的三个要素，即安全基地、归属感和理解。如果你回过头去看看，再想想如何在家里做到这些，将使你与孩子的情感纽带更加牢固。这样，孩子就能更好地应对自己和你的问题，并耐心地坚持下去，直到你找到解决之道为止。

有了一个需要额外帮助的孩子，意味着你作为一个大人必须去寻找答案，并找到管用的方法。不过，如果你只是做到这一点，那对孩子毫无用处。对正在苦苦挣扎的孩子来说，最需要的是父母的陪伴。

因此，父母有时有必要放手，顺其自然，只需牢记最重要的事情是陪伴孩子。保持联结，永远不要让孩子一个人待着。

应对艰难时刻的方法

1. 了解孩子发生了什么。当孩子遇到问题时，你要负起责任来。孩子是过敏了，生病了，还是在学校或幼儿园遇到什么烦心事了？写下你担心的事情，然后观察事态是否变得越来越严重，或者是否出现新的问题。当你处于焦虑状态时，往往很难看清事态，而阅读笔记时，头脑会更清醒。你也可以向专家寻求建议，但要意识到他们并不总是能给出正确答案。你也许需要咨询不止一位专家，听听其他解决方案或解释。

2. 不断学习和了解相关知识。遇到问题时，请寻求相关知识的指导。你可以上网搜索相关知识，与其他父母交流，或者咨询特定领域的专家。如果存在相关专业机构，你也可以与之联系。身为父母，你需要成为教育专家。

3. 遇到困难的孩子尤其需要和谐的家庭。正如我在本书经常提到的，孩子需要归属感。孩子需要成为和谐家庭的一员，这一点对遇到困难的孩子来说尤为重要。要找到每位家庭成员都能适应的节奏和规则。不要忘了关心孩子。当父母处于焦虑状态时，可能会忽视孩子。然而，父母只需每周抽时间与孩子单独相处一次，就能弥补孩子的孤独感和失落感。

4. 实用的帮助价值不菲。当父母很忙时，如果有人能站

出来推着童车出去兜兜风，帮忙做饭，去幼儿园接孩子，或者帮忙做其他事情，这些帮助很有价值。父母应当大方接受别人的帮助，并有勇气请求你信任的人来帮你。如果你负担得起，也可以雇人来帮你。

5. 忽略其他人的建议。当事情变得棘手时，每个人都喜欢提出建议，但那也容易让人迷惑。你要感谢人们出于关怀给你的建议，但很多建议其实并没有价值。你是亲身经历困难的人，必须自己找到问题的症结，然后找到适合自己的解决方案。

6. 是你遇到问题了吗？如果你有了孩子，必须竭尽全力解决自身的问题。寻求帮助，并承担责任，这是唯一的出路。

你——超级英雄

我看过一则电视广告——应该是澳大利亚拍的，孩子和父母被问道，如果他们可以在全世界任选一人的话，他们最想与谁共进晚餐？父母想了半天，然后说是贝拉克·奥巴马或碧昂丝，反正不是名人政要就是世界著名演员。接下来轮到孩子了，他们的回答很干脆，答案显而易见：“爸爸妈妈！”

身为父母，你在孩子的生活中至关重要，没有人能取代你的地位，没有什么事物的价值能超过你给孩子的陪伴、爱和关心。在孩子心目中，父母就是英雄，而且是超级英雄！孩子总是会在外人面前说你好话，为你辩护，把你捧得高高的。

前路漫漫

在奥斯陆的秋天，公寓上空会色彩斑斓，令人惊叹。夏天让位于绚丽多彩的季节，云朵红彤彤的，天空呈粉红色。我没有俯视街上的电车轨道和行人，而是抬头凝视着附近屋顶上那一隅天空，然后坐下来写本书的结束语。这是一本育儿入门书，我希望它能成为天下父母的起点。现在还很难说我会不会如愿以偿。

我希望你从本书学到了一些东西，或者对如何养育孩子有了新的想法。从现在开始，你获得的新知和你的做法应该知行合一。我在书里阐述的只是一般性建议，而你需要根据现实生活得出自己的结论。

不久前，一个 14 岁孩子来我办公室，说了一些令我印象深刻的话。我们正在交谈时，他突然暂停片刻。

“我不喜欢大人在我生气时跟我说话。”他说。

“什么意思？”我问。

“他们跟我说话的方式糟透了。他们假装温和地讲了一些正确的话，然后他们就赢了。”

其实，他话里有话：即使老师和父母跟他讲了一些正确的道理，他仍然觉得自己没有受到尊重。他们跟他谈话只是为了解决问题，而不是想了解他。在某种程度上，这让他们显得高高在上。换句话说，告诉孩子正确的道理并不是最重要的，与孩子建立良好的关系才最重要。有时语言相当空洞，无论它们多么华丽。与孩子打交道时，你需要投入真挚的感情。孩子需要你能与他共情，真正理解他。除非孩子真的理解父母的话，并内化为自己的东西，否则毫无意义。而且，你要求孩子做到的事情，自己应该先做到。

我最想建议你的是，让自己成为充满好奇的父母。如果你有好奇心，真正想去了解孩子的内心世界和成长过程，就会有一个很好的开端。知识渊博的人很少知道什么是最好的。现在是时候说了，如果本书没有什么内容能打动你，那么，你的思维方式肯定与我大不相同。这我能理解，并希望你有勇气向其他人寻求帮助。

另一方面，如果你想从读过的内容中汲取一些营养，那我希望你敢相信我告诉你的东西，并让它成为你生活的向导。

孩子会一直仰望你，但他们也希望父母犯错时能认错。孩子需要看到父母真实的一面，而不是想象中的成功父母形象。只有真实的人才能教孩子如何在成人世界里乘风破浪。真实的人有时会失败，有时会伤害别人，有时会感到失望，有时生活顺利，有时日子也不好过，有时会哭，有时也会笑，有时很勇敢，有时也会懦弱，有时还能取得一些成就。

育儿“魔法”就体现在日常生活中，秘诀就在于父母与孩子好好合作。

我把最美好的祝福送给你们——父母们、孩子们以及你们的家庭。

致　谢

我的大多数观点并不新奇，因为太阳底下无新事，本书的内容也不例外。我采纳了很多人的思想和研究成果，从发展心理学、家庭治疗、系统理论和情绪聚焦疗法中获益良多。因此，我想感谢那些对我的职业发展和本书观点提供过帮助的人。

挪威第一位儿童心理学家奥瑟·格鲁达·斯卡德（Åse Gruda Skard）是一位杰出的教师。她在儿童发展方面很专业，又很有亲和力，在学生时代就对我产生了影响。奥瑟在 20 世纪 50 年代就以一种引人入胜的方式传播这样的理念：孩子能做最好的自己。遗憾的是，我从未见过她。不过，我会一直把她的著作放在身边拜读。

谈到孩子的话题时，我们这个时代最伟大的人物之一就是来自丹麦的杰斯珀·尤尔（Jesper Juul）。遇见他以后，我的思维方式变了。我接受过“家庭实验室”（Famlab）的“研讨会负责人”培训，这使我成为一个更好的教练。尤尔把孩子放在其所属的地方——家庭和社区里。他还敢于大声谈论与主流相悖的事情，且一次又一次被证明是对的。我对他和挪威“家庭实验室”的汉斯·霍尔特·索尔杰尔（Hans Holter Solhjell）满怀感激。

21 世纪初，丹尼尔·西格尔（Daniel Siegel）博士写了一本书叫《由内而外的教养》（*Parenting from the Inside Out*），将养育方式与现代脑科学研究成果相联系，对人们理解孩子发育迟缓现象和孩子本身具有很高的价值。另一位美国心理学大师——马丁·塞利格曼（Martin E. P. Seligman）博士，则致力于研究如何通过与孩子打交道来培养孩子的韧性和乐观精神。这项研究极具启发性，而且他的研究和著作都非常具体。人们如何与孩子交谈，如何与自己对话，都会对孩子产生影响。“体验过程疗法”（现在称为“情绪聚焦疗法”）也影响了我的工作方法。苏·约翰逊（Sue Johnson）博士的研究表明，通过识别童年期的依恋类型，有助于成年人在人际关系中获得更大的安全感。依恋是通过亲密与爱形成的，而建立联结是最重要的。在美国专家名单中，我最后要提到的是心理学家罗斯·格林（Ross Greene）。他指出，当孩子遇到困难时，父母有责任去理解孩子并寻找解决之道。他强调了一个基本的事实：孩子在做力所能及的事时会表现良好。

我还应该感谢很多人，他们的研究和教导让我受益匪浅，但上述专家在我的书架上和记忆中占据特殊地位。

我还要感谢在工作中遇到的专家同事们，他们开拓了我的思路，让我的思考更清晰。尤其是我的亲密同事和朋友阿恩·约根·乔斯巴肯（Arne Jørgen Kjosbakken），每天都能让我获得新知和洞见。我还要感谢莫琳·贝尔德（Maureen Baird），她是我进入家庭治疗领域的第一位导师。她睿智、敏锐，而且宽厚待人（其中就包括我）。

感谢所有向我寻求帮助、找我咨询、让我参与其成长过程的人。我从每个人身上都学到一些东西。最重要的是，我从中了解到人类有一些美好的共性，比如满怀希望、充满好奇心和永不言弃。谢谢你们的教诲！

最后，也是最重要的，我要感谢我的孩子们和我亲爱的伴侣。日常家庭生活让我逐渐成为一个既敢于不断挑战自己，又能从你们那里获得关爱的人。

感谢马克斯（Max）、克拉斯（Klas）、米克尔（Mikkel）和谢蒂尔（Kjetil）——我的家人们，没有你们就没有这本书。

参考书目

Greene, Ross (2014): *The Explosive Child: A New Approach for Understanding and Parenting Easily Frustrated, Chronically Inflexible Children.*

Johnson, Sue (2011): *Hold Me Tight: Your Guide to the Most Successful Approach to Building Loving Relationships.*

Juul, Jesper (1996): *Ditt kompetente barn: på vei mot et nytt verdigrunnlag for familien.*

Juul, Jesper (2017): *Lederulver: det livsviktige lederskapet i familien.*

Seligman, Martin P. (2007): *The Optimistic Child: A Proven Program to Safeguard Children Against Depression and Build Lifelong Resilience.*

Siegel, Daniel J. (2012): *The Developing Mind.*

Siegel, Daniel J., Hartzell, Mary (2004):*Parenting from the Inside Out: How a Deeper Self-understanding Can Help You Raise Children Who Thrive.*

Skard, Åsa Gruda (1964): *Hva kan vi vente av våre barn på ulike alderstrinn?*